KB069690

리더의 그릇

일러두기

본문 시작하는 부분에 큰따옴표로 표시한 내용은 『신음어』에서 발췌한 것이다.

리더의 그릇

| 3만 명의 기업가를 만나 얻은 비움의 힘 |

나카지마 다카시 지음 | 하연수 옮김

다산북스

들어
가며

사람을 다스리려면 먼저 자기 그릇을 넓혀라

'신음(呻吟)'이란 병으로 괴로워하는 사람이 내는 소리를 말한다. 『신음어(呻吟語)』는 말 그대로 저자인 여곤(呂坤)이 자신의 사상을 신음하듯 토해내며 정리한 걸작이다.

병에 의한 고통은 오직 당사자만이 알 수 있다. 그것도 아플 때만 절실히 느낄 뿐이다. 낫고 나면 언제 그랬냐는 듯 잊어버린다. 이 래서야 장래를 위한 교훈으로 삼을 수 없다.

옛말에 "자신의 팔이 세 번은 부러져봐야 훌륭한 의사가 될 수 있 다"고 했다. 그런데 여곤은 아홉 번이나 부러졌고, 그때의 고통을 마치 어제의 일처럼 선명하게 기억하고 있었다고 한다.

『신음어』는 이렇듯 여곤이 자기 삶의 신음을 기록한 것이다. 따라서 진솔한 이야기가 담겨 있다. 어느 누구의 눈치도 보지 않고 사물의 본질을 꿰뚫어 보고 있다.

이 책에는 1,976개의 문장이 수록되어 있는데, '수기치인(修己治人)' 즉 다른 사람을 다스리기 위해서는 먼저 자신을 단련시켜야 한다는 주장이 일관되게 펼쳐져 있다. 그렇다고 해서 『논어(論語)』처럼 진지하고 고상한 것만은 아니다. 소박한 동시에 통쾌하다.

이 책은 한마디로 인물론, 인간학에 관한 책이다. 인간이란 과연 어떤 존재인지를 흥미롭게 논하고 있는데, 읽어 내려가다 보면 여곤이 얼마나 인간에 대해 깊은 통찰을 하고 있는지 알게 될 것이다.

예컨대 그는 "대신(大臣)의 인물됨은 여섯 단계로 평가할 수 있다"고 하며 다음과 같은 구체적인 예를 든다.

"1급 대신은 그릇이 크고 확고한 신념을 지니고 있다. 또한 시세를 내다볼 줄 알며 위기관리 능력이 있다. 우리는 태양이나 공기, 물이 없으면 살아갈 수 없지만 평소에 그 은혜를 느끼지 못한다. 마찬가지로 일류의 대신 또한 국민에게 많은 행복을 안겨주지만 전혀 기색을 내보이지 않는다. 2급 대신은 일을 신속히 처리하고 의견도 당당히 제시한다. 자신의 집처럼 나라를 사랑하고 자신의 몸처럼 시국을 걱정하는 진지한 자세를 가지고 있다.

3급 대신은 그저 시세에 따라, 이제까지의 관습에 따라 행동하며 특별히 득이 되지도 않고 해도 끼치지 않는다. 4급에 이르면 인기에 집착하고 보신주의에 빠져 국가의 안위 따위에는 관심이 없다. 5급 대신은 공명심과 권세욕만 강해 이기적이며 사람들과 다투고 국정에 해를 끼친다. 최악의 대신은 권세를 이용해서 나쁜 짓을 하고, 착한 이를 모략하고 양민을 괴롭히며, 국가에 피해를 주고 인망을 잃는다."

이 문장을 읽어보면 과연 500년 전의 이웃 나라와 우리 사회의 현실이 다를 바가 없다는 것을 새삼 절감하게 된다. 여기에 언급된 유형들을 보고 독자들은 '이 사람이 바로 그 정치인이군' 하고 자연스레 얼굴이 떠오를 듯싶다.

여곤은 평론가가 아니다. 정계, 관계의 한가운데에 있었던 인물이다. 그 와중에 어쩔 수 없이 저속한 사람들에 부대끼며 나라가 망해가고 있음을 느끼고 위기감을 가졌으리라. 이 책에는 그의 본심이 적나라하게 적혀 있는데, 바로 이러한 솔직함이야말로 『신음어』의 가장 큰 매력이다.

여곤의 호는 신오(新吾)이며 자는 숙간(叔簡)이라 한다. '스스로를 새롭게 한다'라는 호를 통해 당시 그가 어떤 가치관을 가지고 살았는지 짐작할 수 있다.

여곤은 명나라 말기인 가정(嘉靖) 15년(1536)에 하남(河南) 영릉(寧陵)에서 태어났다. 명문가 출신인 그 역시 과거를 치렀는데, 합격한 것은 융경(隆慶) 5년(1571)이라고 하니 서른다섯 때의 일이다.

그는 양원현(襄垣縣)의 영(令: 오늘날의 군수)에 임명되어 관료와 정치가로서의 길을 걷게 된다. 후에 중앙정부의 차관직까지 오르지만 사람들의 비방과 중상에 환멸을 느껴 자리를 훌훌 털고 은거 생활에 들어갔으니, 이때가 만력(萬曆) 25년(1597)이었다. 이즈음 제자들을 모아 가르침을 전수하다가 만력 46년(1618)에 82세의 나이로 삶을 마감했다.

인연이라는 것은 참으로 묘해서 만약 그가 중상모략을 당하지 않았다면 은거 생활도 없었을 것이고 『신음어』 또한 탄생하지 못했을 것이다.

이 책이 세상의 빛을 보게 된 연유에 대해서 여곤은 다음과 같이 밝히고 있다.

"나는 지난 30여 년 동안 기록해온 『신음어』를 늘 몸에 지니고 다녔는데, 친구인 유경택(劉景澤)은 수양에 정진하고 있어 신음할 일이 없었다. 어느 날 이 책을 보이자 유경택은 이렇게 말했다. '나도 신음해본 적은 있다. 하지만 기록으로 남겨 두지는 않았다. 병에 걸리면 누구나 다 고통을 느끼기 마련인데, 당신은 그 고통을 기록으로 남겼다. 그 기록을 왜 세상에 내놓지 않는가.

만약 세상에 내놓는다면 세 가지 이점이 있다. 첫째로 병을 고치려는 사람은 이 책을 읽고 극복할 수 있다. 둘째로 같은 병으로 고생하고 있는 사람은 용기를 얻을 수 있다. 셋째로 병에 걸리지 않은 사람은 병을 예방할 수 있다. 만약 당신이 이 책을 널리 알린다면 많은 사람을 구할 수 있다. 당신의 병은 고치지 못해도 다른 사람의 병을 고칠 수 있다면 그것으로 충분하지 않은가.'"

『신음어』는 여곤이 살아 있는 동안 그의 친구와 제자들에 의해 출판되었다. '내편(內篇)'은 성명(性命), 존심(存心), 윤리(倫理), 담도(談道), 수신(修身), 문학(問學), 응무(應務), 양생(養生), '외편(外篇)'은 천지(天地), 세운(世運), 성현(聖賢), 품조(品藻), 치도(治道), 인정(人情), 물리(物理), 광유(廣喩), 사장(詞章)으로 구성되어 있다. 전편에 걸쳐 이상적인 인물상에 대해 매우 구체적으로 언급하고 있으며, 동시에 현실의 인물상도 실감나게 묘사하고 있다.

우리는 이 책에서 언급된 여러 인물상을 통해 스스로를 반성하고 이상적인 인물상에 다가가는 방법을 배울 수 있을 것이다. 우리의 삶은 전진과 후퇴를 거듭하기 마련이지만, 만약 전진하려는 노력을 게을리한다면 한없이 후퇴할 수밖에 없는 게 현실이다.

일류의 인물이 되는 것은 물론 쉬운 일은 아니다. 그러니 때로는 '신음'해가면서 한 걸음씩 힘차게 나아가는 건 어떨까!

나카지마 다카시

차
례

들어가며 | 사람을 다스리려면 먼저 자기 그릇을 넓혀라 **5**

제1부_내편(內篇): 마음을 비우고 도량을 넓혀라

1장 | 일류의 인물은 어떤 사람인가 ― 성명편(性命篇) **15**

2장 | 그릇이 큰 리더가 되라 ― 존심편(存心篇) **25**

3장 | 모자라거나 넘치지 않게 균형을 잡아라 ― 윤리편(倫理篇) **47**

4장 | 어렵게 생각하지 말고 순리를 따르라 ― 담도편(談道篇) **57**

5장 | 머리가 아니라 마음으로 다스려라 ― 수신편(修身篇) **73**

6장 | 정말로 도움이 되는 공부를 하라 ― 문학편(問學篇) **105**

7장 | 당연한 것을 당연하게 생각하지 마라 ― 응무편(應務篇) **123**

8장 | 덕이 넘치는 삶을 살아라 ― 양생편(養生篇) **155**

제2부_외편(外篇): 덕으로 다스리고 신망을 쌓아라

9장 | 자연의 이치를 존중하라 — 천지편(天地篇) **167**

10장 | 시대의 변화를 빠르게 읽어라 — 세운편(世運篇) **177**

11장 | 사람을 어떻게 움직일 것인가 — 성현편(聖賢篇) **183**

12장 | 인재를 알아보는 안목을 키워라 — 품조편(品藻篇) **197**

13장 | 사심을 버리고 식견을 가져라 — 치도편(治道篇) **207**

14장 | 타인에게 신뢰받는 사람이 되라 — 인정편(人情篇) **235**

15장 | 모든 일에는 정도가 있다 — 물리편(物理篇) **249**

16장 | 사람마다 각자의 자리가 있다 — 광유편(廣喩篇) **263**

17장 | 쓴소리하는 사람을 친구로 삼아라 — 사장편(詞章篇) **279**

제1부_내편(內篇)

마음을 비우고
도랑을 넓혀라

1
장

일류의 인물은
어떤 사람인가

· · · · · · · · · ·

성명편(性命篇)

어떤 일에도 흔들리지 않는
마음을 지녀라

> 침착함과 차분함, 바로 이것이 일류의 인물이라면 갖춰야 하는 인격이다. 그중에서도 명료하고 알기 쉽게 의사 표현을 하는 것이 으뜸이다. 이런 사람은 애매하고 명확하지 않은 것, 괜히 심각하고 험악한 것을 멀리한다. 경박하고 침착하지 않은 사람은 아무리 재기 발랄해도 덕이 높은 사람이라고 할 수 없다. 결코 그릇이 크다고 볼 수 없다. **"**

여곤이라는 인물은 사람을 명확히 분별할 줄 알았다. 하지만 그는 결코 일을 잘하느냐 못하느냐를 분별의 잣대로 삼지는 않았다. 어디까지나 그 사람의 인격을 중요시했다. 한마디로 사람의 그릇을 따졌던 것이다.

중국에서는 군자를 '이 정도의 그릇을 가진 인물'이라는 식으로 표현하지 않는다. 군자의 덕이란 어떠한 그릇에도 담을 수 없다고 여기기 때문이다.

여곤은 침착하고 마음이 차분한 사람이야말로 일류의 인물이라고 내다봤다. 그런데 '침착하고 마음이 차분하다'는 것은 구체적으로 어떤 의미일까.

그는 존심편(存心篇)에서 다음과 같이 언급하고 있다.

"마음이 차분하고 고요하다는 것은 그저 입을 다물고 가만히 있는 것이 아니다. 마음의 심연이 깊고 투명하여 태도가 다소곳하며 올바른 것, 이것이 바로 진정한 침착함이요 냉정함이다. 하루 종일 토론을 해도, 설사 천군만마 속에서 전투를 벌이고 많은 사람과 뒤섞여 일해도 냉정함을 잃지 않는다. 이는 자신의 내면 깊은 곳에 있는 또 다른 자신이 가부좌를 틀고 고요한 상태로 자리 잡고 있기 때문이다.

마음속이 어지러우면 하루 종일 가만히 앉아 있다 한들 얼굴 표정이 평온하지 않다. 겉보기에는 고요한 상태에 있는 듯하지만 이는 참모습이 아니다. 진정한 침착함과 냉정함이란 마치 잠을 자듯 마음이 투명하며, 한층 깊고 넓은 정신을 그 배후에 지니고 있는 상태를 말한다."

인간의 본질은 겉으로 보는 것만으로는 알 수 없다. 정말로 침착하고 냉정한 사람인지, 혹은 신뢰할 수 있는 사람인지 판단하기가 힘들다. 평상시의 모습을 보고 판단하는 것은 더욱 어렵다.

인간의 본질이 겉으로 드러나는 순간은 위기에 처했을 때다. 따라서 위기에 처했을 때 이성을 잃고 허둥대는 인간인지, 전혀 동요하지 않는 인간인지 파악해야 한다.

"평상시에는 느슨해도 되지만 위기가 닥쳤을 때는 정신을 똑바로 차리는 게 중요하다"고 말하는 사람도 있지만, 이는 현실적으로 불가능하다. 평상시에 마음이 다른 곳에 가 있는 사람은 위기가 닥쳤을 때도 마음이 다른 곳에 가 있기 마련이다. 국민들은 위기를 절감하고 있는데 아무 생각 없이 천하태평인 정치인도 있지 않은가. 평상시라 할지라도 위기를 대비해 예행연습을 해 놓지 않으면 막상 위기가 닥쳤을 때 우왕좌왕하게 된다.

"나라를 다스리는 데 국난을 늘 대비하라"는 말이 있듯이 정치도 마찬가지다. 국난을 두려워하지 않을 정도의 준비가 되어 있을 때 비로소 침착하고 냉정하게 국민을 다스릴 수 있다. 그럼에도 불구하고 세상의 정치인들은 이와 정반대인 경우가 많다. 국난이 닥쳤는데도 그저 멍하니 바라보고만 있다. 위기 상황이라는 인식이 없다.

이는 경제에 대해서도 마찬가지다. 주가가 폭락하고 회사가 부도나는 사태를 보면서도 "뭐가 잘못된 것일까요?" 하며 어리둥절해하는 리더가 있는데, 이런 사람은 위기를 감지하는 '안테나'가 녹슬어 있는 것이다.

침착하고 차분한 마음을 지니고 있으면 현실에서 눈을 떼지 않고 신속히 대처할 수 있다. 거창한 이론만 내세우며 눈앞의 현실을 제대로 바라보지 못한다면 아무런 소용이 없다.

머리가 좋은 것만으로는
일류라고 할 수 없다

66 마음이 깊고 무게가 있다는 것은 일류의 인물이 되기 위한 자질이다. 세상사에 집착하지 않고 큰 기량을 지니는 것은 이류의 자질이다. 머리가 좋고 재능이 뛰어나며 게다가 달변가라 하더라도 그것은 고작 삼류의 자질에 지나지 않는다. **99**

흔히 총명하고 재능이 많고 말을 잘하면 그것만으로 일류의 인물로 평가되는 경우가 많다. 그런데 여곤이 보기에 이런 사람은 삼류에 불과하다.

그는 대장 중의 대장이라 할 수 있는 자를 일류의 인물이라 평가하고 있다. 여곤이 살았던 시대는 어떤 시대인가. 바로 명나라 말기다. 나라의 질서는 어지러워지고 정계, 관계 모두 썩을 대로 썩어 말세라는 원성이 자자했다. 이러한 시대에는 자기가 지금 어떤 말을 하면 권력을 가질 수 있는지를 잘 아는 달변가가 나오기 마련이다. 요즘으로 치면 자기를 과시하며 한탕 크게 벌이려는 사람이 곳곳에 있었던 것이다.

그러나 '제대로' 된 인물이 없었다. 여기서 제대로 된 인물이란 깊이와 두터움과 무게가 있는 사람을 말한다. 한마디로 듬직한 사람이다. 철학이 있고 인간적인 매력이 있으며 차분한 사람, 이른바 '대인(大人)'을 말한다.

이에 반해 재능은 있지만 덕이 없는 사람을 '소인(小人)'이라 부른다. 흥미롭게도 정치판에서는 대인보다 소인을 요구하는 경우가 적지 않다. 나라 꼴이 엉망이고 대수술을 감행해야 할 때야말로 대인배보다 소인배들이 활약할 기회이다.

여곤도 다음과 같이 말한다.

"평온무사할 때는 소인들이 여러 명 끼어 있어도 구분하기 힘들다. 다사다난할 때야 비로소 군자를 군자로서 확인할 수 있다."

여곤은 조직의 장을 다음과 같이 세 가지로 구분했다.

첫 번째 유형은 '재능 있는 리더(才將: 재장)'다. 머리가 뛰어나고 재치가 있으며, 스스로 명령과 지시를 내리고 관리 통제를 반복하면서 조직을 성공적으로 통솔하는 리더를 말한다. 두 번째는 '현명한 리더(賢將: 현장)'다. 한마디로 캐스팅을 잘하는 사람이다. 조직을 꾸려나가는 데 능하여 누구에게 어떤 일을 맡기면 되는지, 당근과 채찍을 언제 사용하면 되는지 숙지하고 있는 리더를 말한다.

그런데 이 두 가지 유형의 리더를 목표로 하지 않는다고 언급한 경영자가 있었다. 바로 경영의 신이라 불리던 마쓰시타 고노스케[松下幸之助]다. 그렇다면 그가 지향한 지도자란 어떤 인물일까.

그것은 바로 '인격적으로 성숙한 리더(德將: 덕장)'다. 자신은 지혜와 재능이 부족하더라도 주위에 지혜와 재능이 출중한 사람들을 포진하여 그들을 늘 도와주는 리더를 말한다.

덕장은 그저 세상사에 집착하지 않고 그릇이 큰 인물에 머무르지 않는다. 깊이와 두터움과 무게가 겸비되지 않으면 주위 사람은 그를 따르지 않기 때문이다. 여기서 재미있는 것은 지혜와 재능이 있는 사람은 여곤이 말한 삼류의 자질, 즉 머리가 좋고 재능이 뛰어난 달변가를 절대 따르지 않는다는 사실이다.

차원이 높은 사람은 자신보다 차원이 낮은 리더의 밑으로 들어가지 않는다. 거꾸로 차원이 낮은 사람은 자신보다 차원이 높은 리더 곁에 있으면 마음이 차분해진다.

마음의 깊이, 두터움, 무게란 무엇인가. 한마디로 '자기희생'이라 할 수 있다. 일류와 이류의 인물은 '전체를 위해 자신을 얼마나 바칠 수 있는가' 하는 도량의 크기에서 차이가 난다. 전체를 위해서는 기꺼이 자신을 희생한다. 늘 전체의 이익을 생각해서 판단한다. 사소한 욕심을 부려 이득을 챙기지 않는다. 이러한 균형 감각은 다른 사람에게 안도감과 신뢰감을 준다.

전체를 위해 자신의 목숨조차 담보하는 것. 머리만 좋은 사람이 어떻게 이런 일을 할 수 있겠는가.

그릇이 큰
리더가 되라

························

존심편(存心篇)

지위, 명예, 재산…
삶을 짓누르는 동심을 벗어던져라

66 홀륭한 인물은 하늘을 두려워할 뿐 타인을 두려워하지 않는다. 명예와 가르침을 두려워하지만 형벌은 두려워하지 않는다. 인간의 도리를 벗어나는 것을 두려워하되 그것이 이익이 되는지 손해가 되는지는 안중에 없다. 허송세월을 보내며 늙어가는 것을 두려워하되 목숨이 다하는 것을 두려워하지 않는다. **99**

여곤은 좌우지간 스케일이 큰 인물이었다. 과거에 합격한 뒤 지방 장관이나 중앙 정부의 차관급에 종사했지만, 관료 조직의 폐쇄성에 염증을 느껴 자리를 떠나 은거 생활을 했다. 인적이 드문 곳에서 사색에 몰두했지만 제자들이 끊임없이 그의 집을 찾아왔다. 그만큼 인간적인 매력이 있었다고 볼 수 있다.

지위나 직함에 초연할 수 있다는 것은 큰 덕목이다. '좀 더 지긋이 한 곳에 머물면 더 높은 자리에 오를 수 있지 않았을까' 하는 아쉬움이 들기도 하지만, 여곤에게 지위란 언제든지 내던질 수 있는 짐짝에 불과했다. "홀륭한 인물은 하늘을 두려워할 뿐 타인을 두려워하지 않는다"라는 첫마디에서 여곤의 기개를 엿볼 수 있다.

그는 늘 사물의 본질에 시선을 돌렸다. 고급 관료로서, 정치가로서 현실적인 문제를 처리하면서도 정신적으로는 늘 높은 차원에 머물고자 했고, 수양을 쌓은 인간으로서의 근본적인 가치관을 소중히 여겼다.

그 근본적 가치관이란 바로 다음과 같다.

"훌륭한 인물이 되려고 할 때 가장 방해가 되는 것이 바로 동심(童心)이다. 이것만 졸업한다면 크게 성장할 수 있다. 동심이란 무엇인가. 그것은 타오르는 불길처럼 솟아오르는 경쟁심, 오만, 다른 사람을 깔보는 마음, 화려하고 사치스러운 것에 끌리는 마음, 성급함, 경박함, 명예나 평판에 집착하는 마음이다."

인간은 살아가는 동안 많은 것을 몸에 지니게 된다. 빈손으로 태어났지만 나이가 들면서 지위를 좇고 재산을 쌓는다. 어디 그뿐인가. 지식, 자존심, 가치관 또한 마찬가지다. 애당초 스스로를 지키기 위해 쌓아두었지만 오히려 자신의 본모습을 잃게 하고 위험에 빠뜨리게 하는 경우가 적지 않다.

이러한 것들을 여곤은 동심이라 불렀다. 동심에 휩쓸리면 쓸데없는 다툼이 늘고 타인의 마음에 상처를 주기 십상이다.

화려하고 사치스러운 것에 대한 집착, 침착하지 못하고 툭하면 흥분하는 성격, 그칠 줄 모르는 명예욕. 이러한 것들은 인간적인 성장을 하는 데 걸림돌이 될 뿐이다. 이것들을 내던질 수 있다면 훨씬 더 인간다운 삶을 살 수 있다.

원래 인간은 태어날 때부터 올곧은 마음을 지니고 있다. 그러나 남을 이기기 위해 지식을 섭취하면서 점차 이런 마음이 흐려진다. 지식을 쌓는 것 못지않게 마음의 때를 벗기는 것 또한 소홀히 해서는 안 된다.

재산이나 명예 그 자체가 나쁘다는 것이 아니다. 재산과 명예에 집착한 나머지 스스로를 위험에 빠뜨리는 짓이야말로 나쁘다. 재산과 명예를 초월한 사람에게는 삶의 여정에서 그것들이 더 이상 무거운 짐이 되지 않는다. 돈이 많든 적든, 혹은 지위가 높건 낮건 간에 마음이 흔들리지 않는다.

"상황에 따라 감정을 표출하되 바로 마음의 평온을 되찾을 수 있는 자는 진정한 수양이 되어 있는 사람이다."

바로 이런 인물이 되라고 여곤은 강조한다.

집중하는 것과
무작정 열심히 하는 것은 다르다

> 마음을 가다듬고 정신을 집중하여 대처하면 인격도 사업도 강물이 흐르듯 자연스레 성장한다. 반면 마음을 가다듬지 못한다면 무슨 일을 하든 만족을 얻지 못하리라. 집중력을 상실하면 보는 것, 듣는 것 모두가 허망해진다. 또한 한 가지 일에 지나치게 집착하면 다른 일을 원활히 처리할 수 없다.

마음의 매듭을 잘 묶는 것이 바로 '집중'이다. 집중력을 발휘하면 일을 수월하게 처리할 수 있다. 이는 사업이든 나라를 다스리는 일이든 마찬가지다.

집중력이 사라지면 어떻게 되겠는가. 정신이 산만해져 잘할 수 있는 일을 할 때조차도 실수하게 되고, 조직은 마치 모래로 쌓은 성처럼 위태로워진다.

"국가의 존망, 자신의 미래를 좌우하는 것은 결국 마음을 어떻게 다스리느냐에 달려 있다. 마음을 다스리다 보면 매사에 신중히 처신하게 된다. 신중하게 처신하다 보면 일에 대한 성과를 얻을 수 있다. 정신을 집중하지 못하면 아무래도 대충 하게 된다. 대충 하다 보면 일이 잘 풀리지 않는다. 이는 모든 사람에게 해당하는 것이며 결코 예외가 없다. 동서고금의 성현들이 두려워한 게 바로 이러한 진리다. 신세를 망치는 모든 원인은 여기에 있다."

집중력을 발휘하는 것과 막무가내로 열심히 하는 것은 분명 다르다. 도쿄에서 오사카까지 가려는 사람이 열심히 반대 방향으로 걸어봤자 절대 목적지에 도달할 수 없다. 앞뒤 가리지 않고 열심히 일만 하면 방향감각을 상실하기 쉽다.

무작정 열심히 하다 보면 평소에 보이던 것조차 놓치게 된다. 한마디로 시야가 좁아진다. 무언가에 지나치게 매달리다 보면 마음에 여유를 가질 수 없기 때문이다.

만약 목표가 분명하고 목적지에 도달하는 길을 정확히 알고 있고, 그 길이 앞으로도 변하지 않는다면 앞만 보고 달려도 상관없다. 하지만 임기응변으로 대처해야 할 문제에 대해서는 무작정 열심히 해서는 안 된다. 자칫 엉뚱한 방향으로 나아가서 돌이킬 수 없는 결과를 초래할 위험이 있기 때문이다.

바로 이때 집중력을 발휘해야 한다. 집중력을 발휘하면 주위를 잘 살펴볼 수 있다. 지금까지 보이지 않던 것도 눈에 들어온다.

집중력을 발휘하는 것은 활쏘기에 비유할 수 있다. 무작정 힘껏 활을 당긴다고 목표물에 적중시킬 수 있는 건 아니다. 힘을 빼고 몸과 마음을 차분히 가라앉힌 다음 여유를 가지고 활을 당기지 않으면 결코 과녁을 맞힐 수 없다. 정숙함과 여유로움을 유지하기 위해서는 긴장과 이완의 균형을 맞추는 것이 중요하다. 집중력은 바로 이러한 균형 상태에서 발휘된다.

여곤은 다음과 같이 지적한다.

"우리의 결점은 수양하려는 마음이 부족한 데서 비롯된다. 그래서 쓸데없는 발언, 쓸모없는 행동을 하게 된다. 물론 다른 사람에게 도움을 주지도 못한다. 수양이 되어 있지 않으면 일 처리를 제멋대로 하거나 대충 한다. 혹은 지나치게 욕심을 부리거나 심지어 도리에 벗어나는 일까지 한다.

활을 쏠 때 과녁을 충분히 응시한 후 호흡을 가다듬고 시위를 당기면 명중시킬 수 있다. 이는 체험에서 우러나오는 진리다. 모든 일은 마음을 차분히 가라앉힐 때 이룰 수 있다. 고요한 마음 상태를 유지한다면 과녁을 벗어나지 않으니, 이는 곧 하늘의 법칙이다."

만약 마음의 수양이 잘되어 있다면 집중력의 중요한 요소인 정숙함과 여유로움을 체득할 수 있다. 무작정 허둥대며 열심히 하는 와중에는 마음의 여유가 생기지 않는다.

"일을 끝내야 하는 마감 시간까지 여유가 있다고 해서 한가로이 보내서는 안 된다. 훗날 어떤 사태가 발생할지는 아무도 모른다. 시간이 촉박해서 다급해지는 상황이 벌어질 수도 있다. 그러니 평소에 마음의 여유를 갖고 꾸준히 해나가는 것이 바람직하다."

사전에 준비를 철저히 한다면 나중에 허둥대지 않고, 무슨 일부터 해야 할지 우왕좌왕하지 않는다. 실패의 원인은 일을 하는 방식이 잘못되어서가 아니라 대부분 망설이는 마음에서 비롯된다.

생각하고 또 생각하라
그리고 과감하게 행동하라

66 꾹 참으면서 넘어가느냐, 아니면 순간의 감정을 억제하지 못해서 폭발하느냐. 어느 쪽을 선택하느냐에 따라 복을 얻기도 하고 화를 부르기도 한다. **99**

살다 보면 사람과의 관계에서 화를 참지 못하고 감정을 폭발시키는 경우가 한 번쯤은 있기 마련이다. 그런데 나중에 생각해보면 '왜 내가 좀 더 참지 못했을까' 하고 후회한다.

어디 그뿐인가. 언짢은 기억은 오랫동안 뇌리에 남는다. 그때를 떠올리면 분통이 터지고 눈물이 고이며 자신도 모르게 화가 치민다. 똑같은 일로 두 번 세 번 화를 내고 있는 셈이다.

물론 자신의 감정을 그때그때 발산하는 것은 속 시원한 일이지만, 이는 '나의 그릇은 이 정도밖에 안 된다'라는 것을 스스로 밝히는 꼴이다. 이래서야 큰 인물이 될 수 없다.

왜 자신의 감정을 억제하지 못하는 걸까. 한마디로 생각이 짧아서다.

"훌륭한 인물은 한번 입을 열면 그 내용을 취소하지 않는다. 한번 행동을 시작하면 그 방침을 섣불리 바꾸는 일이 없다. 왜냐하면 생각하고 또 생각한 후에 말을 하고 행동을 하기 때문이다."

"식사를 할 때 씹지 않고 넘기면 안 된다. 길을 알지도 못하면서 발걸음을 옮겨서는 안 된다. 제대로 알지도 못하면서 사람을 사귀어서는 안 된다. 입을 열 때는 충분히 생각한 다음에 해야 한다. 일을 추진할 때는 준비를 철저히 한 다음에 해야 한다."

여곤은 우리가 당연하게 여기지만 지키기 힘든 것들을 지키라고 강조한다.

그렇다면 심사숙고를 거듭하기만 하면 될까. 결코 그렇지 않다. 아무리 훌륭한 생각이라 하더라도 행동이 뒷받침되지 않으면 소용이 없다. 그러므로 충분한 숙고 뒤에는 과감한 단행이 필요하다.

"천하의 대사를 이루기 위해서는 마음에 여유를 가지고 서두르지 말아야 한다. 전투에서 속전속결이 중요하다고 하지만 차분히 준비하는 게 기본이다. 그렇다고 해서 느긋하게 게으름을 피우라는 게 아니다. 여유로운 마음을 지니면서도 주위를 배려하고, 침착한 상태에서도 기백을 지녀야 한다.

부지런히 움직이되 결코 허둥대지 않고, 피곤한 듯 보여도 여유가 있어야 한다. 만약 처음부터 게으름을 피우고 대충 처리하면 나중에 가서 시간에 쫓기게 된다. 이래서야 성공을 기대할 수 없다. 열에 아홉은 후회를 하면서 어찌 마음의 여유가 있다고 하겠는가."

과감하게 행동으로 옮기는 사람은 어떤 마음을 지니고 있을까. 여곤은 다음과 같이 언급하고 있다.

"과감하게 실천으로 옮기는 사람은 바빠 보여도 늘 마음에 여유가 있다. 결단을 내리지 못하고 우왕좌왕하는 사람은 한가한 것처럼 보여도 실은 늘 문제를 안고 있다. 군자는 일 처리를 할 때 차분하고 여유로운 상태를 유지한다. 정작 급한 문제가 터졌을 때 소란을 피우고서야 어떻게 화를 면할 수 있겠는가."

마음에 여유가 있느냐 없느냐. 이 차이가 바로 성공의 갈림길이다. 그리고 마음의 여유는 평소에 준비가 잘되어 있다는 자신감에서 비롯된다. 여유로운 마음 없이는 평온한 삶 또한 보장받지 못한다.

나의 장점은 과시하지 말고
타인의 단점은 들추지 마라

> **66** 자신의 장점은 되도록 과시하지 마라. 그러면 속이 깊은 인간이 될 수 있다. 타인의 허물은 되도록 들추지 마라. 그러면 그릇이 큰 인물이 될 수 있으리라. **99**

다른 사람의 호감을 사는 방법에는 두 가지가 있다. 하나는 자신의 단점을 드러내는 것이고, 또 하나는 타인의 장점에 주목하여 그것을 끌어내는 것이다. 이렇게 할 수 있다면 백에 백 명 모두 당신에게 호감을 느낄 것이다.

여곤은 자신의 장점을 과시하지 말고 동시에 타인의 허물을 들추지 말 것을 강조한다. 자신이 지닌 장점이란 자연스럽게 배어나기 마련이어서 굳이 과시하지 않아도 상대방은 알아차린다. 그럼에도 불구하고 티를 낸다면 상대방의 미움을 사기 십상이다. 그릇이 작은 사람은 이런 우를 범하기 쉽다. 스스로 선전하지 않으면 인정받지 못하는 사람은 그릇이 작은 사람이다.

누구나 자신의 단점은 감추고 싶을 것이다. 그러므로 타인의 허물을 많은 사람들 앞에서 굳이 들추어낼 필요는 없다. 단점을 들춰서 그것이 고쳐진다면 좋겠지만 대부분의 경우 그렇지 못하다. 오히려 상대방의 원망만 살 뿐이다.

이런 어리석은 짓은 삼가라고 여곤은 말한다. 또한 수양을 위해서라면 다음과 같이 행동하라고 조언한다.

"인격을 연마하려거든 단점을 숨기지 마라. 단점을 숨기지 않을 때 스스로를 더욱 성장시킬 수 있다."

"다른 사람의 허물을 들추어내지 마라. 상대방을 이해하려고 노력하라. 그러면 자신의 그릇을 크게 할 수 있다."

"자신의 장점을 떠벌리는 것은 바람직하지 않다. 다른 사람의 장점에 시비를 거는 행위는 더욱 삼가야 한다. 타인의 장점을 마치 스스로의 것인 양 자랑하는 것은 터무니없는 짓이다."

자신의 단점은 사람들에게 호감을 산다. 반면 장점은 선망이나 질투의 대상이 될 수 있다. 때문에 단점을 숨기지 말라는 것이다.

'그 사람의 단점은 이런 것이다'라는 사실을 알고 나면, 주변에서 그 사람의 단점을 주목하고 보살펴준다. 단점을 보완해주고 덮어주는 경우도 있다. 팀워크라는 것은 본래 타인의 단점을 커버하는 행동을 의미한다.

오늘날 팀은 있어도 팀워크는 없는 조직이 적지 않은데, 그 원인은 바로 단점을 보살피는 것이 아니라 비난의 눈으로 바라보는 데 있다. 이래서야 진정한 팀이라고 할 수 없다. 이런 조직은 시간이 지나도 원활히 운영되기 어렵다.

자기의 욕심을 따르는 것보다 더 큰 화는 없다.

타인의 허물을 말하는 것보다 더 큰 악은 없다.

- 한비자

노력의 대가는 늘 공평하다
요행을 바라지 마라

66 나쁜 일을 하면서도 다른 사람에게 알려지기를 두려워하고, 선행을 하면서도 남이 몰라줄 것을 두려워한다면 이는 올바른 마음가짐이 아니다. 이런 마음 상태로 인격의 성장을 기대할 수는 없다. **99**

좋은 일을 한다고 해서 반드시 좋은 결과를 얻는 것은 아니다. 그러나 나쁜 일을 하면 반드시 나쁜 결과를 초래한다. 이는 틀림없는 진리다.

그런데 인간이란 참으로 흥미로운 존재다. 좋은 일을 하면 무조건 결과가 좋기를 기대하고, 나쁜 짓을 해도 잘 넘어가기를 기대한다. 이렇게 자신에게 유리한 쪽으로 해석하고 믿는 경향이 있다. 이야말로 아전인수(我田引水)와 다름없다.

눈앞의 현실은 어떤가. 노력하면 노력한 만큼의 결과가, 대충 하면 대충 한 만큼의 결과가 나온다.

"콩의 씨를 심으면 콩이 나고, 오이의 씨를 심으면 오이가 난다. 지금 일어나고 있는 일은 이처럼 원인에 따른 결과일 뿐이고 예외란 없다. 그럼에도 불구하고 인간의 욕심은 자신에게 유리한 쪽으로 끼워 맞추려 한다. 마음이 비뚤어졌는데 어찌 올바른 말을 할 수 있겠는가.

군자는 마음의 수양을 하는 사람이다. 올바른 행동을 하기 위해 마음을 다스린다. 올바르지 못한 마음에서 올바른 결과가 나올 수는 없다. 이러한 원리 원칙이 적용되지 않는 사람은 어디에도 없다."

'운이 있다면 노력이 필요 없지 않을까?'

이렇게 생각하는 사람도 있다. 물론 운이 항상 자신의 편을 들어준다면야 노력할 필요가 없다. 그런데 운명의 신이란 변덕스럽다. 더욱 곤란한 것은 운이 필요하지 않을 만큼 준비를 철저히 한 사람에게 유독 운이 따른다는 사실이다. 정말로 운이 필요할 만큼 곤경에 처해 있는 사람은 희한하게도 운에 외면당한다.

이처럼 변덕스러운 운명의 신에게 손을 벌릴 필요는 없다. 운에 의존할 바에야 스스로 노력하는 쪽이 훨씬 확실하다.

노력이야말로 최고의 보험이다. 게다가 보험료는 공짜다. 공짜인 만큼 설혹 노력에 합당한 보상금을 받지 않더라도 상관없다고 생각하면 마음을 비울 수 있다. '이만큼 노력했으니까 이 정도의 실패로 그칠 수 있었다', 이렇게 생각한다면 몸과 마음이 행복해질 것이다.

여곤은 노력이라는 것에 대해 어떤 생각을 하고 있었을까.

"욕망을 다스리는 행위는 '물의 흐름과 반대로 노를 젓는 행위'와 같다. 조금이라도 방심하면 눈 깜짝할 사이에 떠밀려간다. 선행을 쌓는다는 것은 가지가 없는 나무에 올라가는 것과 같다. 조금이라도 발을 멈추면 금방 미끄러져 떨어진다. 따라서 훌륭한 인물은 늘 마음을 가다듬고 일에 임한다."

노력을 노력이라 생각하지 않고 담담하게 행할 수 있는 사람은, 여곤이 언급한 것처럼 노력을 소홀히 했을 때의 결과가 어떤지를 아는 사람이다.

모자라거나 넘치지 않게
균형을 잡아라

. . . . . .

윤리편(倫理篇)

자식은
부모의 등을 보고 자란다

66 부모가 자식에게 사랑을 베풀 때는 자연스럽게 해야 한다. 마치 목이 마르면 물을 마시고 배가 고프면 밥을 먹듯이. 자식이 부모에 대한 사랑을 느끼는 것 또한 자연스러운 습관이다. 여름에는 옷을 벗고 겨울에는 옷을 껴입는 것과 같다. **99**

여곤은 '윤리편'에서 부모와 자식, 형제 등의 인간관계에 대해 언급하고 있다. 부모와 자식은 이 세상에서 가장 가까운 인연이기에 그 어떤 관계보다도 중요하다.

부모에 대한 자식의 태도에 관해 여곤은 다음과 같이 강조한다.

"부모는 정성을 다해 모시는 것이 가장 좋다. 부모의 건강과 생활을 배려하는 것은 차선이다. 건강이나 생활에 관심도 없고, 건성으로 예의를 다하는 것은 논외라 할 수 있다."

부모 자식 간의 관계가 형식에 치우쳐 있다면, 이는 다름 아닌 부모의 교육에 문제가 있다. 가정교육에서 가장 중요한 점은 '어떤 자식으로 키울 것인가' 하는 확고한 방침을 세우는 데 있다. 그저 응석을 받아주기만 하면 자식은 올바르게 성장하지 못한다.

부모를 보면 자식을 알 수 있다. 또한 자식을 보면 부모가 어떤 사람인지 알 수 있다. 물론 가정교육이 어떻게 이루어지고 있는지도 금방 알 수 있다. 부모와 자식은 서로를 비추는 거울과 같다.

자기는 부모를 함부로 대하면서 장차 자식에게 대접받으려는 기대를 어떻게 할 수 있단 말인가. 교육이란, 자신의 사상과 행동을 심어주는 행위를 말한다. 자기가 하지 못하는 일을 남에게 시킬 수는 없는 법이다.

예로부터 '자식은 부모의 등을 보고 자란다'는 말이 있다. 자식은 부모의 마음대로 자라주지 않는다. 그저 부모가 하는 행동을 보며 따라 할 뿐이다.

부모는 장난으로라도
자식에게 거짓말을 해서는 안 된다.

- 한비자

과한 것은 부족한 것만 못하다

> **66** 하늘에서 내리는 비는 소중한 선물이지만 지나치면 재앙이 된다. 주위 사람에게 베푸는 행위도 지나치면 오히려 역효과를 낳는다. 애정과 의리가 지나치면 화를 면하기 어렵다. **99**

지나친 것도 좋지 않고 모자라는 것도 좋지 않다. 하지만 적당한 수준을 유지하는 것은 쉽지가 않다. 자식을 키우는 데도 지나친 과보호나 무관심은 위험하다. 안 보는 척하면서도 주의 깊게 보는 것이 가장 바람직하지만, 이를 실제로 실천하기란 만만치 않다.

여곤은 다음과 같이 언급한다.

"인간은 누구나 모자라는 것에 대해 걱정하지만 실은 넘치는 것이야말로 재앙의 원인이 된다. 이러한 사실을 깨달은 사람이 지혜로운 자라 할 수 있을 것이다."

자손을 위한답시고 많은 유산을 남겼더니 형제끼리 다투는 모습을 흔히 볼 수 있다. 재산은 자식에게 물려주는 것보다 당대에 모두 써버리는 것이 현명하다. 오히려 교육이야말로 자식에게 물려줘야 할 가장 큰 재산이다.

박해와 약탈의 역사를 가진 유대인들이 가장 중요시했던 것이 바로 교육이었다. 교육만 살아 있다면 세계 어느 곳에서도 살아남을 수 있다고 여겼다. 그들은 교육에 아낌없이 투자했고, 그 결과 강인한 민족으로 오늘날까지 살아남을 수 있었다.

우리는 예전에 비해 훨씬 풍요로운 사회에 살고 있지만 진짜 교육에 대한 관심은 날로 줄어들고 있다. 우리가 오늘날 열을 올리는 교육은 '삶을 위한 교육'이 아니라 '점수를 위한 교육'이다. 앞으로의 시대는 어설프게 남을 쫓아가고 따라가서 성공할 수 있는 시대가 아니다. 스스로 문제를 설정하고 해답을 도출해야만 한다.

　앞으로의 교육에서 가장 중요한 점은 자신의 힘으로 꿋꿋이 걸어갈 수 있는 환경을 만들어주는 데 있다. 무조건 자식들을 보호하려고만 하면 자칫 사회 전체가 과보호 일색이 될 수 있다. 자신의 책임과 의무가 뒷받침된 권리를 주장할 수 있는 아이들이야말로 국제 사회에 통용될 수 있는 인재로 성장할 수 있다.

　과보호 체제하에서는 튼튼하게 성장할 수 없다. 이는 부하를 키우는 일이든 기업이나 산업을 육성하는 일이든 마찬가지다. 현재 위태로운 상황에 처한 업계를 살펴보면 정부의 과보호 정책에 의한 경우가 대부분이다. 금융 기관과 농업에 대한 정부의 끝없는 지원은 결국 국민의 세금만 낭비하는 꼴이 되었다.

　독립심을 가진 사람이라 하더라도 누군가가 끊임없이 도와주면 어느새 자신도 모르게 의지하려는 마음이 생긴다. 안락함을 추구하려는 마음은 누구에게나 있기 때문이다.

　빚을 갚으려는 의지가 있는 국가는 언젠가 경제적으로 독립할 수 있는 수준에 이를 수 있다. 이는 과거의 일본을 보면 알 수 있다. 메이지[明治] 정부는 에도[江戶] 막부 시대의 외채를 확실하게 갚아줬다. 덕분에 구미 열강으로부터 신뢰를 얻을 수 있었다. 러일전쟁 당시에 런던에서 돈을 빌릴 수 있었던 것도 일본인에 대한 신뢰가 있었기 때문이다.

여곤은 성인(聖人)과 민중 사이의 바람직한 관계에 대해 다음과 같이 언급했다.

"민중들에게 지나치게 편의를 제공해서는 안 된다. 그렇다고 해서 불편한 상태로 놔둬서도 안 된다. 이렇게 되면 지시를 내려도 침투하지 못하고 명령해도 실행되지 않는다. 어느덧 불만이 쌓여 수습할 수 없는 상황에 처하게 된다.

그런데 지나치게 편의를 제공하면 어떻게 될까. 누구나 멋대로 행동하게 되고 결국에는 법률로도 통제할 수 없게 되리라. 성인이 민중을 다스릴 때는 그들이 무엇을 원하고 무엇을 기피하는가를 제대로 파악하여 마음을 다스리게 하는 게 중요하다. 이를 실천하면 불만이 쌓이기 전에 예법의 틀에 담아둘 수 있다. 민중이 처우에 만족하면 난을 일으키는 상황이 벌어지지는 않을 것이다."

부딪히지 않게 거리를 두되 지나치게 떨어지지는 마라. 과도하게 잘해주면 그것이 당연지사가 되어 웬만한 대우에는 감동받지 않는다. 조금 부족한 상태라야 은혜를 베풀었을 때 감사의 마음이 일어난다.

4장

어렵게 생각하지 말고
순리를 따르라

담도편(談道篇)

사사로운 마음을 버리고
도리를 지켜라

❝ '도'가 최선이고 '덕'은 차선, '공'이 세 번째이며 '명리'를 추구하는 것이 그다음이다. 무위자연인 상태를 '도'라 한다. 자연스러운 모습을 즐기는 이를 '도사'라 한다. 도 자체가 삶의 방식이 되면 이를 '덕'이라 한다. 모든 행동이 덕이 되는 이를 '덕사'라 한다. 쓸데없는 것들을 없애고 자신의 과업을 성취시키는 일을 '공'이라 한다. 천하를 위해 움직이고 출세하는 것을 '명리'라 한다. 그저 자신만을 위해 입을 여는 사람은 이러한 범주에 속하지 않는다. 평생 한 번도 도에 관한 배움을 얻지 못한다면 이는 한탄스러운 일이다. **❞**

여곤이 강조해 마지않는 도란 과연 무엇일까.

도란 천지를 만든 우주의 거대한 법칙을 말한다. 우주를 한 대의 자동차에 비유하자면, 도란 그 자동차가 달려가는 길이다. 노자와 장자도 도는 이 세상을 구성하는 최고의 시스템이라고 말한다.

천지의 법칙을 따르면 어떤 근심도 없이 살아갈 수 있다. 그런데 인간에게는 욕심이 있다. 천지의 법칙을 어기면서까지 현세적인 욕심을 채우려 한다. 그 때문에 윗사람과 마찰을 일으킬 뿐 아니라 초조해하고 짜증을 내며 질투와 후회, 나아가서 실패와 파탄이라는 화를 당하기도 한다.

여곤은 다음과 같이 언급한다.

"모든 일을 도리에 따라 판단한다면 결코 그릇된 판단이 되지 않으리라."

어느 저명한 기업가도 "사리사욕 때문에 적어도 3할은 판단을 잘못 내렸다"고 솔직히 고백했다. 만약 욕심을 버릴 수 있다면 판단의 적중률은 적어도 두 배는 오를 것이다.

이익과 손해를 따지다 보면 실패한다. 선과 악의 잣대로 판단해도 실패하는 경우가 적지 않다.

그렇다면 어떻게 해야 할까. 바로 우주의 법칙으로 판단하는 것이다. 어떻게 하는 것이 가장 자연스러운가. 어떻게 생각하면 무리가 없는가. 도리에 어긋난다면 즉시 멈춰야 한다. 무리하지 않고 자연의 흐름에 따라 살아가야 한다.

결코 욕심에 따라 판단해서는 안 된다. 어떻게 하면 욕심에서 해방되고 무위자연의 우주관에 따라 살아갈 수 있을까.

여곤은 이렇게 말한다.

"무아(無我)가 되는 일이야말로 가장 큰 덕이다. 철저히 인간답게 살아가고 인간을 사랑하는 일 외에 다른 왕도는 없다."

무아란 무엇인가. 사리사욕에서 벗어나 판단이나 심판을 하늘에 맡기는 것이다. 모든 일을 우주의 법칙에 맡기는 것이기도 하다. 그렇게 하면 '공리공욕(公利公慾)', 다시 말해 대의명분이 된다. 판단력은 더욱 예리해지고, 순풍을 불게 할 수 있다. 도를 따랐기 때문이다.

아침에 도를 깨달으면
저녁에 죽어도 좋다.

- 공자

어렵게 말하는 사람일수록
아는 게 없다

> 66 도를 깊이 체득한 사람일수록 쉽고 단순하게 말한다. 이런저런 어려운 수식어를 남발하는 사람은 도를 체득하지 못한 사람이다. 99

　머리가 좋은 사람과 이야기하면 금방 대화의 요지를 이해할 수 있다. 정신적으로 차원이 높은 사람과 이야기해보면 발언의 내용이 금방 마음에 와 닿는다. 머리가 나쁜 사람의 설명은 몇 번씩 들어도 이해하기 힘들다. 이는 유명한 학자든 정치가든 마찬가지다. 본인이 진정으로 이해하지 못하기 때문에 아무리 설명해봤자 상대방이 알아듣기 힘들다.

　'정말 그렇구나' 하며 진심으로 공감되는 이야기는 귀뿐 아니라 오장육부에 스며든다. 도를 깊이 체득한 사람, 혹은 자신의 존재가 도 자체인 사람의 표현은 어린아이도 금방 이해할 수 있다.

　반대로 어렵게 말하는 것은 설득력이나 표현력의 문제가 아니라, 그 사람 스스로가 이해하고 있지 못하기 때문이다. 다시 말해 어린아이가 이해할 수 없는 이야기는 참된 것이 아니라고도 할 수 있다. 무슨 말이든 알기 쉽게 한마디로 표현할 수 있어야 한다. 아무리 복잡한 문제라도 해답은 단순하게 제시할 수 있는 법이다.

　한 가지 분야를 완전하게 체득한 사람은 그 일에 대한 정수를 한마디 말에 담을 수 있다. 그러므로 듣는 쪽도 쉽게 알아듣고 금방 이해할 수 있다.

가장 어려운 일부터 처리하라
쉬운 일은 자연스레 해결된다

66 가장 곤란한 일부터 처리하는 것. 그리고 이득은 뒤로 돌리는 것. 이것이야말로 덕을 완성하고 공을 달성하는 요령이다. 이런 태도를 견지한다면 아무리 비난을 받아도 결코 동요되지 않으리라.

꾸준히 오랫동안 하다 보면 자연스레 성과를 기대할 수 있다. 수행은 순서에 따라 해야 하는 법이다. 싹을 빨리 성장시키려고 뽑아올리는 우를 범하지 말아야 한다. 성과는 묵묵히 기다려야지 급하게 이루고자 하면 안 된다. **99**

힘든 일은 자꾸만 뒤로 미루는 게 인지상정이다. 물론 쉬운 일부터 서서히 처리하는 게 부담이 없다. 하지만 이는 현실을 제대로 파악한 사람의 행동이 아니다. 쉽고 사소한 일은 하든 안 하든 눈에 띄게 차이가 나지 않는다.

반대로 어려운 일부터 우선 해결하고자 전력을 다해 매진하면, 그 어려운 일에 매달리고 있는 동안 조그만 문제들은 자연스레 해결되는 법이다. 물론 어려운 문제는 금방 해결되지 않을 수도 있다. 하지만 부분적으로는 분명 해결되어가고 있다.

가장 어려운 일부터 착수하는 게 현명하다. '이건 나한테는 어려운 일이니까 나중으로 미뤄야지', 이런 안일한 판단으로 나라의 커다란 정책들을 뒤로 미룬 정치인들이 얼마나 많은가. 그러고는 아무래도 좋은 것들에 대해서만 쓸데없이 호들갑을 떤다. 결과적으로 사태는 더욱 악화될 뿐이다. 더 이상 손을 쓸 수 없는 지경에 이르러서야 가장 큰 문제가 해결되지 않았음을 깨닫지만, 이미 엎질러진 물이다.

　가장 힘든 일부터 처리하려는 용기가 있는 사람은 스스로를 위태로운 상황에 몰아넣지 않는다. 경영이든 정치든 중요한 것은 노하우나 역량이 아니다. 바로 어려운 일을 처리하려는 용기가 있느냐 없느냐 하는 것이다.

쓸모없는 것을 알아야
쓸모 있는 것을 알 수 있다.

- 장자

재능을 과시하지 마라
자만은 화를 부른다

66 지식 때문에 마음에 상처를 입기도 하고, 재능 때문에 몸을 망치기도 한다. 부귀 때문에 집안의 화목이 깨질 수도 있고, 재산은 자손을 망치기도 한다. **99**

"실패는 성공의 어머니"라는 말이 있지만 동시에 "성공은 실패의 어머니"이기도 하다. 그리고 커다란 성공은 커다란 실패를 낳기도 한다. 이는 한창 잘나가던 기업이 하루아침에 망하는 것만 봐도 알 수 있다. 성공을 이룩한 순간이야말로 겸손해져야 할 순간이다.

여곤은 이 점에 대해 지나칠 정도로 거듭 강조한다.

"부귀는 집안에 화를 부르기도 한다. 재능은 몸을 망치기도 한다. 또한 명성은 중상모략을 부르며 환락은 결국 슬픔을 부른다. 일이 잘 풀릴 때 어떻게 대처해야 하는가는 매우 어려운 문제다. 다만 늘 겸손하고 한 발짝 뒤로 물러설 수 있는 마음가짐이 있다면 화를 피할 수 있으리라."

"머리가 좋다고 해서 함부로 과시해서는 안 되며, 되도록 겉으로 드러내지 않고 속으로 간직하는 게 좋다. 머리가 매우 좋은 나머지 화를 입은 사람이 열에 아홉은 된다. 반면 후덕한 인품 때문에 화를 입은 사람은 단 한 사람도 없다. 요즘 사람들은 머리가 나쁜 것을 한탄하지만 이는 어리석은 짓이다."

"머리가 뛰어난 사람은 다른 사람들이 경계하기 마련이다. 그런데도 왜 남에게 과시하는가. 재능 있는 사람은 다른 사람들의 질시를 받는다. 그런데도 왜 남에게 자랑하는가. 그런 행동을 하다간 자멸하는 것은 시간문제다."

"재능과 학문이 없는 것은 인간으로서 부끄러운 일이다. 그러나 재능과 학문을 갖추고 있는 것 또한 근심거리다. 재능과 학문을 몸에 지니는 것은 어려운 일이 아니다. 어려운 일은 바로 그것들을 적절하게 사용하는 것이다. 군자가 재능과 학문을 선택하는 이유는 입신출세를 하기 위함이지 오만해지기 위해서가 아니다. 세상을 이롭게 하기 위함이지 결코 남에게 과시하기 위함이 아니다. 재능과 학문은 칼과 같다. 반드시 필요할 때만 사용하고 그렇지 않을 때는 칼자루에 넣어둬야 한다. 만약 함부로 남용한다면 반드시 화를 부르게 되리라. 이는 열이면 열, 백이면 백 모든 사람에게 예외 없이 해당하는 사실이다. 부디 이 사실을 잊지 않도록 유념하라."

두뇌의 명석함, 재능, 자질, 장점, 일의 성과 등 우리는 남에게 과시하고 싶은 여러 가지 욕망을 가지고 있다. 하지만 이러한 욕망은 모두 화를 불러들이는 원인일 뿐이다.

여곤은 이렇게 경고한다.

"기운은 지나치게 넘쳐서는 안 되고, 마음은 너무 꽉 차도 안 되며, 재능은 너무 드러내면 안 된다."

실패의 씨앗은 성공의 와중에 싹튼다. 그러나 사람들은 이 사실을 자각하지 못한다. 방심해서 자각하지 못하는 게 아니다. 겸허하지 못하기 때문이다.

그렇다면 왜 겸허하지 못할까. 두려움을 모르기 때문이다. 두려움이란 무엇인가. 그것은 경외심과 다름없다. 처절한 고생을 경험하지 못한 자는 세상에 대한 경외심을 갖기 힘들다.

"앞으로의 시대는 어떤 인재가 필요한가?"라는 질문을 던지자 세 명의 기업 총수가 '세상을 두려워할 줄 아는 사람'이라고 대답했다. 그 세 명의 기업 총수는 바로 메이코[明光] 상회의 다카기 레이지[高木礼治], 이토요카도의 이토 마사토시[伊藤雅俊], 그리고 마쓰시타 고노스케다.

두려움을 아는 자는 겸허하다. 그 겸허함이 스스로의 내면을 향할 때 '반성'이 일어나며, 자신이 아닌 다른 사람에게 향할 때 '감사'하는 마음이 생긴다. 감사와 반성. 삶을 살아가는 데 이보다 더 중요한 단어는 흔치 않다. 경외심이란 바꿔 말하면 곧 감사와 반성이다.

두려움이 없다면 어떻게 되겠는가. 오직 자만과 오만이 있을 뿐이다. 이 두 가지만큼 화를 부르는 것도 없다. 이 두 가지만큼 스스로의 장래를 위태롭게 하는 것도 없다.

다른 사람보다 높은 곳에 서려는 사람은 감사와 반성을 반드시 몸에 지녀야 한다.

5
장

머리가 아니라
마음으로 다스려라

....
.

수신편(修身篇)

비판은 겸허히 받아들여라
상대방이 어떤 사람인지는 중요하지 않다

> **"** 잘못을 지적해주는 사람이라고 해서 반드시 허물이 없는 것은 아니다. 기왕 지적을 받을 바에야 허물이 없는 사람에게 받고 싶다면 평생을 걸려도 잘못을 고칠 수 없다. 상대방이 어떠한 인물이든 잘못을 지적해주는 것에 고마워해야 한다. 지적하는 사람에게 허물이 있느냐 없느냐를 굳이 따질 필요는 없다. **"**

우리는 여간해선 남의 언행을 거울삼아 자신을 바라보지 않는다. 한심한 행동을 하는 사람을 보면 그저 비웃을 뿐이다. 그 속에서 자신의 모습을 발견하지는 못한다. 더욱 놀라운 것은 잘못을 지적당하면 오히려 기분 나빠 한다는 점이다. 개중에는 버럭 화를 내는 사람조차 있다.

물론 남에게 잘못을 지적할 때는 적절한 단어를 골라 조심스럽게 해야 한다. 잘못을 지적해주었더니 화를 낸다면 그 사람에게는 두 번 다시 주의를 주지 않는다. 상대방이 직장의 상사나 동료라면 더욱 그렇다. 후배가 선배의 잘못을 지적하는 경우는 거의 없으니, 실제로 당신의 잘못을 지적해주는 사람은 매우 한정되어 있다.

여곤은 다음과 같이 언급한다.

"자신에 대한 비판에는 겸허히 귀를 기울여야 한다. 상대방이 어떤 사람인가는 중요하지 않다. 비판받을 만한 이유가 있다면 그 사람이 아니더라도 누군가는 언젠가 할 것이기 때문이다. 겸허히 귀를 기울이고 받아들인다면 스승을 한 명 얻은 것과 같다. 비판의 원인을 제거한다면 누군가는 반드시 제대로 평가해주는 법이다. 만약 비판을 듣고 버럭 화를 내면 어찌 되겠는가. 똑같은 실패를 거듭하는 결과를 초래할 뿐이다."

비판, 비난 혹은 주의를 받는 일을 달가워할 사람은 없다. 그런데 사실 남을 비판하는 것도 쉬운 일은 아니다.

누구든지 다른 사람에게 미움받는 걸 싫어한다. 하지만 상대방을 위해 충고를 해야 하는 의무감 또한 느낀다. 결국 어떻게 충고하느냐가 중요한데, 상대방이 순순히 받아들일 수 있도록 말을 가려서 하면 된다.

여곤의 생각은 어땠는지 한번 살펴보자.

"타인을 비판할 때는 신중해야 한다. 험한 말이 아니라 완곡한 표현을 써야 하고, 직설적이 아니라 우회적으로 지적해야 한다. 제아무리 형제지간이나 부자지간이라 할지라도 비판을 받으면 마음이 울적해지기 마련이다. 하물며 타인의 비판은 어떻겠는가. 공자도 '바른길로 인도하기 위해 충고를 했는데 상대방이 받아들이지 않는다면, 당분간 시간적인 여유를 두라'고 말하고 있다. 이러한 태도는 인간관계에 손상을 입히지 않을뿐더러 스스로를 더 크게 성장시킬 수 있다."

"타인을 비판할 때는 상대방에게 5할의 잘못이 있더라도 3할이나 4할 정도만 비판하라. 그렇게 하면 상대방도 여유가 있으니 순순히 귀를 기울일 것이고 변명도 하지 않을 것이다. 만약 있는 그대로 전부 비판한다면 스스로를 깎아내리는 결과를 초래하는 것은 물론, 상대방을 개선시킬 수도 없다. 1푼이라도 더 많이 지적한다면 상대방은 그 1푼을 빌미로 5할에 대한 핑계를 댈 것이고, 5할의 비판마저도 소용없게 되리라. 발언에 책임을 져야 할 위치에 있는 사람은 이러한 사실에 유념해야 한다."

부모가 자식을 꾸짖는 심정으로 타인을 비판하는 것은 좋지만, 개중에는 무턱대고 비난만 하는 사람도 있다. 이런 사람은 어떻게 대해야 할까.

여곤은 다음과 같이 조언한다.

"늘 사람과 다투고 상대방의 결점을 들추어내는 사람이 있었다. 내가 '자네도 열에 하나 정도의 결점을 가지고 있지 않은가' 하고 물으니 그렇다고 한다. 나는 '자네가 가진 결점을 모두 없앤 다음에 다른 사람을 비난해도 늦지는 않을 것이네'라고 말했다."

과연 내가 타인을 비난할 자격이 있는지 한번 돌이켜보라는 뜻이다. 타인을 비난하는 것은 쉬운 일이니 그런 유혹에 빠지지 말아야 한다. 반면 자신에 대한 비판에는 귀를 기울여야 한다. 그 순간에는 기분이 상하더라도 지금이 아니면 언젠가 또 누군가가 같은 지적을 할 것이라 생각하라.

비판을 받은 즉시 반성하고 개선한다면 스스로를 성장시킬 수 있다. 여곤도 젊었을 때는 그다지 유연하지 못했으나, 이에 대해 다음과 같이 적고 있다.

"솔직히 다른 사람의 비판에 온화하고 담담하게 대응하지 못했으며, 상대에 따라서는 짜증을 내기도 했다. 나와 같은 해에 과거에 합격한 친구가 이런 말을 했다.

'오늘날 관직에 몸을 담고 있는 사람은 이것만은 알아둬야 한다. 법률이나 제도는 나라에서 만들었고 재화는 백성들이 만들었다. 이러한 것들에 정이 개입할 여지는 없다. 하지만 말이나 표정은 스스로 지어낼 수 있다. 그걸 조금 바꾼다고 해서 뭐가 그렇게 해가 되는가.'

그의 말이 옳다. 여기에 이렇게 기술함으로써 나의 태도를 고쳐보고자 한다."

아무리 하찮은 인간일지라도
나름대로의 경험과 지혜가 있다.

- 한비자

그릇이 큰 인물은
상대의 미숙함마저 포용한다

> 말과 행동을 관찰하는 것은 상대방의 사람됨을 판단하는 길이다. 발언에 귀를 기울이되 상대방의 인물됨을 따지지 않는 것은 스스로를 성장시키는 길이다. 요즘 사람은 훌륭한 가르침을 듣기를 싫어한다. 말에 행동이 따르지 않는 사람의 가르침은 들을 가치가 없다며 외면하는데, 이는 바람직하지 않다.

상대방의 말에 귀를 기울이면 스스로에게 분명 도움이 된다. 자신에게 도움이 된다면 상대방이 어떤 인물인지는 중요하지 않다. 행색이 누추한 사람이 좋은 옷을 팔든 초췌한 사람이 값비싼 식료품을 팔든 사는 사람의 입장에서는 전혀 상관이 없는 일이다.

'상종하기 싫은 사람의 말은 들을 필요가 없다', 여곤도 젊었을 때는 이런 생각을 했다. 그러나 친구의 충고를 듣고 즉시 생각을 바꿨다. '좋은 것은 좋다'고 인정하지 않으면 성장할 수 없다는 사실을 깨달은 것이다.

그 사람의 가르침이 훌륭하다면 배우면 된다. 상대방의 사람됨이 어떠한가는 사사로운 문제다. 그런 것은 상관없다. 스스로가 성장할 수만 있다면 어떤 것이든 자기 것으로 만들면 된다.

이런 태도를 취하면 자신의 장래에도 도움이 된다. 지나치게 혼자서만 청렴한 척하는 것은 유치한 짓이다. 진짜 어른은 상대방의 미숙함조차도 받아들인다. 받아들일 수 있을 만큼 그릇이 크기 때문이다. '저 사람은 치사하니까 받아들일 수 없다', 이는 어린아이의 발상이다. 살다 보면 어제의 친구가 오늘의 적이 될 수도 있다. 적이라 하더라도 태연하게 같은 테이블에서 대화할 수 있는 게 어른들의 세계다.

꼴 보기 싫다고 인간관계를 끊는 것은 스스로의 시야를 좁게 할 뿐이다. 시야가 좁은 인간은 성장의 폭도 좁기 마련이다.

예전에 어떤 남자가 "직장을 옮기려고 하는데 어떻게 하면 좋을까요?"라고 물으며 상담을 요청한 적이 있었다. 그는 매우 청렴결백한 척했는데, 직장 생활을 하는 데 틀림없이 장애가 될 거라고 주의를 줬다. 아니나 다를까 새로운 직장에서도 적응을 못 하고 그만두었다. 사람의 근성이라는 게 쉽게 변하지는 않는 모양이다.

결국 그 남자는 자기만 청렴하다는 생각 때문에 부부 관계에도 금이 가 이혼했다. 단 한 번도 상대방의 실수를 눈감아주지 않고, 단 한 방울의 더러운 물도 섞이는 꼴을 보지 못했다.

물론 본인은 청렴결백하게 살아가고 있는지도 모른다. 하지만 지나치게 깨끗한 물에 고기는 살지 않는 법이다. 어찌 주위 사람들이 짜증을 느끼지 않겠는가. 이런 사람에게는 속을 터놓을 친구조차 없다.

물이 지나치게 맑으면 사는 고기가 없고,
사람이 지나치게 비판적이면 사귀는 벗이 없다.

- 맹자

인생의 가장 큰 과오는
과오를 과오인 채로 두는 것이다

66 과오를 저질렀을 때 그것을 인정하지 않는 것은 또 다른 과오를 범하는 셈이다. 한 번 과오를 인정하면 그것은 사라지지만, 인정하지 않는다면 끝까지 과오로 남는다. 변명만 하고 인정하지 않는 행위는 삼가야 한다. 인생에서 가장 큰 과오는 바로 자신의 잘못을 인정하지 않고 변명만 하는 일이다. **99**

비판과 비난을 받았을 때 고집을 부리며 절대 잘못을 인정하지 않는 사람이 있다. 그뿐만 아니라 상대방에게 적의를 나타내는 사람도 있다.

잘못을 지적당했을 때는 변명에 유의해야 한다. 자기방어를 위해 변명을 하는 나머지 사실이 아닌 것을 말하거나 왜곡하는 일은 피해야 한다. 이럴 경우 거짓말이 쌓여 또 다른 잘못을 저지르게 된다.

처음부터 순순히 잘못을 인정하고 수습하면 문제가 커지기 전에 해결할 수 있다. 그런데 문제가 이미 커질 대로 커진 상황에서는 해결할 방도가 없다. 소비자를 속여온 우유 업체, 수십 년 동안 허위 보고를 해온 자동차 업체, 방사능의 피해를 은폐한 원자력 발전소 등 일련의 사건을 되돌아보면 알 수 있다.

여곤은 이렇게 말한다.

"입에 담는 말 중에서 가장 경계해야 할 것이 바로 거짓말이다. 일하는 데 있어서 지나친 엄격함, 마음 자세에서 험악한 심성 또한 경계 대상임에 틀림없다."

상대방을 너무 매몰차게 탄압하면 자신만 손해 볼 뿐 진실을 얻어낼 수 없다. 위압적인 정치 풍토에서는 누구 하나 진실을 고발하지 않는다.

만약 진실을 밝히고 원인을 분명하게 규명하기를 원한다면 그것을 밝힌 개인에 대해서는 책임을 묻지 않는 것이 좋다. 그러고 나서 그 진실을 교훈 삼아 조직을 점검하도록 한다.

이러한 전체적인 안목 없이 그저 범인 색출에만 골몰한다면 사태는 전혀 개선되지 않는다. 똑같은 문제가 두 번 세 번 계속해서 반복될 뿐이다. 앞서 언급한 우유 업체에서는 실제로 같은 사건이 여러 공장에서 잇따라 발생했는데, 좀처럼 해결의 실마리를 찾지 못하고 있다.

상대방의 마음을 가라앉히는 요령에 대해 여곤은 다음과 같이 언급했다.

"성인은 훌륭한 가르침을 들으면 기쁜 마음으로 다른 사람에게 전한다. 잘못된 말을 들으면 다투지 않고 가르침을 설파한다. 이때 온화한 표정으로 상대방을 대하기 때문에 듣는 쪽도 충고에 귀를 기울인다. 왜 이렇게 행동해야 하는가. 덕을 쌓고 잘못을 바로잡는 것은 결국 자신에게 도움이 되기 때문이다. 실로 뛰어난 지혜가 아닐 수 없다."

그 어떤 인간이라도, 심지어 도둑이라 하더라도 자신의 행동에 대해 해명하고 싶어 한다. 그 말을 듣지 않고 처음부터 부정만 하면 상대방을 바른길로 이끌 수 없다. 따라서 상대방의 말을 일단 끝까지 들어주는 게 서로의 흉금을 터놓는 기회가 된다. 무조건 문전박대(門前薄待)하는 것은 옳지 않다.

온화한 표정을 짓는 사람에게는 적이 없는 법. 매서운 겨울바람이 아니라 따뜻한 봄바람으로 사람을 대한다면 상대방도 분명 마음을 열어줄 것이다. 말을 잘하는 것보다 중요한 것은 바로 상대의 말에 귀를 기울일 줄 아는 태도다. 누구나 자신의 말을 진지하게 들어주는 사람을 좋아하기 마련이다.

슬픈 건 늙어가는 게 아니라
세상에 아무런 자취도 남기지 못하는 것이다

" 가난하다고 해서 부끄러워할 필요는 없다. 정작 부끄러워해야 하는 것은 가난 때문에 의지가 약해지는 일이다. 지위나 신분이 낮다는 것은 나쁜 게 아니다. 나쁜 것은 누구에게도 도움을 주지 못하는 것이다. 나이가 들었다고 한탄할 필요는 없다. 희망 없이 허무한 삶을 보내는 것이야말로 한탄해야 할 일이다. 죽는다고 해서 슬퍼할 필요는 없다. 슬픈 일은 세상 사람들에게 잊히는 것이다. **"**

『신음어』 중에서도 특히 이 문장은 필자가 마음에 들어 하는 부분이다. 흔히 가난은 수치라고 여기지만 그보다 수치스러운 것이 있다. 그것은 '가난을 핑계로 의지를 상실하는 것'이다. 여곤의 이 말에 용기를 얻는 사람이 많으리라 생각된다.

지위나 신분의 낮음, 혹은 죽음을 두려워할 필요는 없다. 그보다 두려운 것은 세상에 아무런 자취도 남기지 못하고, 누구에게도 기억되지 못한 채 사라지는 일이다. 20여 년 전 여곤의 이러한 문장을 처음 접했을 때의 강렬한 인상을 필자는 아직도 기억하고 있다.

마지막 문장을 "도에 대해서 듣지 않게 되는 건 슬프다"라고 번역하는 경우도 있지만, 필자는 앞의 문장들을 볼 때 그렇게까지 심오하게 해석할 필요는 없다고 본다. "아무런 공헌도 하지 못하고 삶을 마감하는 것이 슬프다면 현재에 충실해야 한다"라는 정도로 이해하면 될 듯싶다.

자신이 학자라면 단어 하나하나를 끈질기게 연구해야 하지만, 실생활에 도움이 되느냐 안 되느냐를 따져야 하는 일반인들에게는 솔직히 말해 번역 따위는 자신에게 맞게 해석하면 그만이다.

이 문장도 다음과 같이 자기 나름대로 받아들여 자신이 처한 상황에 맞게 적용하면 된다.

"회사의 규모가 작다고 해서 부끄러워할 필요는 없다. 부끄러운 일은 사회에 공헌하지 못하는 것이다."

"이익이 적은 것은 나쁜 게 아니다. 고객의 기대와 신뢰에 부응하지 못하는 것이야말로 나쁜 일이다."

"현재 어려운 상황에 처했다고 해서 한탄할 필요는 없다. 그것을 핑계로 장래의 비전을 제시하지 못하는 일이야말로 한탄해야 한다."

여곤은 수치에 대해 여러 번 언급했는데, 그중 흥미로운 부분을 뽑으면 다음과 같다.

"시비를 분별하지 못하는 사람은 세 가지를 부끄럽게 여긴다. 가난, 지위의 낮음, 그리고 늙어감이다. 그렇다면 군자는 무엇을 부끄럽게 여길까. 부모님이 살아 계시는데도 궁핍하게 사는 것, 세상에 도움을 주지 못하는 것, 나이가 들어도 공덕을 쌓았다는 평판을 듣지 못하는 것이 바로 그것이다."

궁핍해서 나이 드신 부모를 제대로 모실 수 없는 것은 자신의 역량이 부족하기 때문이다. 어린아이도 아니고 다 큰 어른이라면 어떻게 해서든 집안을 일으켜야 한다.

슬기로운 인재가 여기저기서 등용되는 시대에 자신만 자리를 차지하지 못하는 것은 쓸 만한 인재가 되지 못했다는 증거다. 이는 마치 한창 호황임에도 불구하고 이익을 내지 못하는 기업에 비유할 수 있다.

나이를 먹어도 덕행을 쌓지 못하는 것 또한 부끄러운 일이다. 정계든 재계든 늙어서도 권력에 집착해 후진들의 진로를 가로막으려는 사람이 적지 않은데, 바로 이런 사람들을 두고 하는 말이다.

순풍일 때든 역풍일 때든
한결같아야 한다

> 66 큰 사건이 터지고 혼란스러울 때 얼마나 정신을 똑바로 차릴 수 있는가. 역경에 처하면 금방 포기하고 순풍일 때는 방심하기 쉽다. 언제 기뻐하고 슬퍼하는지를 보면 그 사람의 그릇을 알 수 있다. 집단 속에서 어떻게 행동하는가를 보면 그 사람의 수준을 알 수 있다. 99

술자리에서 같이 술을 마시다 보면 그 사람의 본래 모습을 알 수 있다. 만약 그 자리에 이성이 함께 있다면 더욱 잘 알 수 있다. 평소에 쓰고 있던 가면이 벗겨지고 본성이 드러나기 때문이다.

매사가 잘 풀리고 있는데도 유사시를 대비해 준비를 철저히 하는 사람이 있는 반면, 돈이 조금 많다고 해서 여기저기 뿌리다가 빈털터리가 되는 사람도 있다. 순풍일 때든 역풍일 때든 스스로의 가치관에 따라 판단할 수 있는 사람, 이런 사람이야말로 큰 인물이다.

어떤 경영자는 한창 불경기일 때 비싼 고급 차를 회사 돈으로 구입했다. 그는 불황의 본질은 소비 위축에 있다는 것을 알았다. 돈을 벌고 있는 회사마저 불황을 핑계로 지갑을 닫는다면 불황의 골은 더욱 깊어질 것이다.

그는 돈을 버는 회사는 국가를 위해 소비를 활성화하고 설비 투자를 게을리해서는 안 된다며 매스컴을 통해 역설했다. 자신부터 솔선수범하면서 다른 사람들을 설득시킨 것이다. 큰 인물다운 발상이 아닐 수 없다.

전체적인 사회 분위기가 어떻다고 해서 꼭 그 분위기에 따라갈 필요는 없지 않을까. 자신의 가치관, 자신의 좌표로 분명하게 판단할 수 있는 도량이 필요하다.

여곤은 어떤 사람을 훌륭한 인물로 평하고 있을까.

"침착함과 냉정함이야말로 최고의 자질이다. 이런 자질을 갖춘 인물은 중심이 서 있어 듬직하다. 그런데 요즘 사람들은 혼자서 시간을 보내는 것을 기피한다. 문제에 닥치면 그저 하염없이 푸념만 늘어놓는다. 이래서야 아무리 고고한 척해도 덕이 있는 사람이라고 보기 힘들다."

남자의 이상적인 모습에 대해서는 보다 구체적으로 언급하고 있다.

"이상적인 남자는 여덟 가지의 풍경에 비유할 수 있다. 높이 솟아오른 산처럼 듬직한 풍채, 끝없이 펼쳐진 바다와 하늘 같은 여유로움, 따뜻한 봄바람과 보슬비와 같은 얼굴 표정, 태양처럼 빛나고 달처럼 은은한 눈빛, 하늘과 땅을 움직일 것만 같은 손, 바위처럼 우직하고 거침없는 다리, 깊은 연못과 얇은 얼음을 거닐 때와 같은 조심스러운 마음, 구슬처럼 맑고 물처럼 매끄러운 뼈. 이러한 것들이야말로 남자의 이상적인 모습이다."

여곤에게 이상적인 남자란 어디까지나 침착하고 듬직한 사람이다. 또한 초지일관하고 두 다리로 꿋꿋이 서 있는 사람이다. 타인의 의사에 쉽게 휩쓸려 부화뇌동(附和雷同)하는 것이 아니라, 자신의 세계와 철학 그리고 가치관을 갖고 있는 사람이다. 이러한 사람이야말로 진정한 리더에 걸맞은 인물인 것이다.

인간의 욕망은 끝이 없지만
몸에는 한계가 있다

❝❝ 돈, 이성, 명예, 권력 이 네 가지는 상대방의 사람됨을 판단하는 중요한 요인이다. 이러한 것들에 집착하지 않는다면 다른 것들은 문제 삼을 필요가 없다. 예전부터 인격을 수양해온 사람은 바로 이 네 가지와 싸움을 벌인 사람들이다. 부디 이것들을 가볍게 여기지 마라. ❞❞

그저 먹고살 정도의 재산만 있으면 좋겠다고 생각하는 사람은 잃을 재산이 하나도 없는 사람이다. 많으면 많을수록 더 갖고 싶은 게 바로 재산이다. 그 때문일까. 재산을 물려줄 피붙이도 없는데 무리하게 사업을 벌여 회사를 도산시키고, 자신은 돈을 빼돌려 호의호식하는 얼빠진 사람이 있다.

여곤은 이런 사람에게 다음과 같이 말한다.

"인간의 욕망은 끝이 없지만 몸에는 한계가 있다. 한계가 있는 몸으로 끝없는 욕망을 채우려는 것 자체가 애당초 무리다. 언젠가는 병들어 죽음을 맞이하게 될 뿐이다."

돈, 이성, 명예, 권력 중에서 가장 골치 아픈 게 바로 권력이다. 권력은 그것을 휘두르는 자가 어떻게 하느냐에 따라 주위 사람에게 엄청난 영향을 미친다. 다음으로 문제가 되는 게 명예욕이다. 훈장에 눈이 멀고 늙어서도 자리에 연연한다. 그 때문에 얼마나 많은 업무가 지체되고 있는지 본인은 깨닫지 못한다.

경국지색(傾國之色)이라는 말도 있기는 하나, 이성에 대해서는 회사 경영에 지장을 주지 않을 정도로만 관심을 갖는다면 아무래도 상관없다. 돈의 경우에도 공금을 횡령할 정도가 아니라면 크게 문제 되지 않으리라.

권력과 명예가 특히 해로운 것은 이 두 가지가 조직에 끼치는 영향이 엄청나기 때문이다.

마음을 수양하는 데
욕망을 적게 하는 것보다 더 좋은 방법은 없다.

- 맹자

배려는 타인의 마음을 얻는
가장 좋은 방법이다

66 지혜가 있느냐 없느냐는 바로 책을 얼마나 읽는지에 따라 결정된다. 행복과 불화는 선행을 얼마나 하는가에 따라 결정되고, 빈부의 차이는 얼마나 부지런한가에 따라 결정되며, 혼내느냐 칭찬하느냐는 얼마나 배려하는 마음을 갖고 있는가에 달려 있다. **99**

책을 읽더라도 고리타분한 학자처럼 책을 읽어서는 안 된다. 무작정 내용을 암기할 필요는 더더욱 없다. 책에 담긴 핵심을 활용할 수 있느냐가 중요하다.

당시에는 『사서오경(四書五經)』이나 『손자(孫子)』와 같은 여러 병법, 그리고 역사서로는 『사기(史記)』가 있었다. 요즘 시대로 치면 이런 것들은 모두 정보에 해당한다. 제대로 된 정보를 섭취하고 올바르게 판단하며 성실하게 일하는 것, 그리고 주위 사람을 배려하는 마음을 잊지 않는 게 중요하다.

남을 배려하는 마음은 바로 『논어』에서 가장 강조하는 부분이다. 왜 배려하는 마음이 중요할까. 이러한 마음이야말로 사람을 움직일 수 있기 때문이다. 매섭게 대해서 상대가 말을 듣는 것은 순간에 지나지 않는다. 주위를 둘러보라. 엄격하기만 한 리더에게는 사람이 붙지 않는다.

엄한 상사에게 겉으로 충성을 다하는 것은 그가 무섭기 때문이다. 상사가 없어지면 바로 손에서 일을 놓을 것이다. 무섭기 때문에 그 순간만 복종하는 것을 '위복(威服)'이라 한다. 한편 이 상사에게 잘 보이면 출세할 수 있겠다 싶어 복종하는 것을 '사복(私服)'이라 한다. 그런데 이렇게 복종하는 사람은 파벌의 권력관계에 조금이라도 변화의 조짐이 보이면 금방 다른 상사에게 붙는다.

위복이든 사복이든 한순간의 효험밖에 없다. 정말 이 사람을 위해서 열심히 일해야겠다는 생각이 드는 경우는 상대방이 자신을 배려해줬을 때다. 사람은 누구나 애정이나 배려가 없으면 상대방을 신용하지 못한다. 부하를 대접하지 않는 상사는 부하에게 대접받지 못한다. 부하를 존경할 줄 아는 상사야말로 부하에게 존경받을 수 있다. 이처럼 마음에서 우러나와 복종하는 것을 '신복(信服)'이라 한다.

내가 원하지 않는 바를 남에게 행하지 마라.

- 공자

**6
장**

___

정말로 도움이 되는
공부를 하라

. . . .

문학편(問學篇)

아는 게 많은 어리석은 사람이 될 것인가
하나를 제대로 아는 영리한 사람이 될 것인가

66 군자는 자신이 꼭 알아야 하는 것은 알고, 몰라도 되는 것은 알려고 하지 않는다. 알아야 하는 것을 모르는 것은 어리석은 일이지만, 알 필요도 없는 것까지 알려고 하는 것은 무모한 짓이다. **99**

세상 어디에든 '교양인'이라 불리는 사람이 있다. 그런데 무조건 많은 지식을 갖고 있다고 해서 교양인이 되는 것은 아니다.

한 가지 분야에 통달해서 그것으로부터 보편적인 진리를 끄집어낼 수 있는 사람은 자신의 분야가 스포츠라 할지라도 사물의 본질을 꿰뚫어 볼 줄 안다. 거꾸로 MBA를 딴 우수한 비즈니스맨이라도 실제로 회사 운용을 맡겨보면 애를 먹는 경우가 있다.

도대체 교양인이란 어떤 사람을 가리킬까. 여곤의 말을 음미해보면 알 수 있다. 즉 알아야 하는 것은 알고 있지만 몰라도 되는 것까지 알려고 하지 않는 사람, 바로 이런 사람이 교양인이다. 바꿔 말하면 자신에게 중요한 것들은 알고 있지만 사소한 것들에는 관심을 가지지 않는 사람을 말한다. 교양인은 그저 많이 알고 있는 만물박사가 아니다.

세상에는 뭐든지 알고 있는 사람이 있다. 그런데 그 사람이 알고 있는 것은 대부분 실생활에 별로 쓸모가 없다. 쓸데없는 사소한 문제에 관심을 가질 바에야 자기 분야에 도움이 되는 중요한 공부를 하는 게 낫다. 이것저것 많이 아는 사람에게 실제로 일을 시켜보면

영 시원찮은 경우가 많다. 이런 사람은 교양인이라 할 수 없다.

특별한 지식이나 학문은 없지만 그릇을 만드는 기술은 천하일품인 공예가가 있고, 생선을 요리하는 기술만큼은 최고인 주방장이 있다. 이러한 기술은 실생활에 도움이 되는 교양이다. 아무런 도움이 되지 않는 지식과는 엄연히 다르다.

비즈니스맨은 사업에 도움이 되는 교양을 지니고 있지 않으면 교양인이라 할 수 없다. 경영자라면 기업의 경영에 관한 교양이 있어야 한다. 경영자가 아무리 골프를 잘 치고 노래를 잘 부른다고 한들 그것은 중요하지 않다.

경영자는 경영으로 승부를 내야 하고, 비즈니스맨은 사업에서 승부를 내야 한다. 의사는 환자를 치료하는 기술로 승부를 내야 한다. 바로 이런 것들이 가능해질 때 진정한 교양인이 될 수 있다.

이것저것 잡다한 지식을 지닐 필요는 없다. 한 가지 분야에 도통한 사람이 하는 말은 설득력이 있다. 그 분야에서 얻은 진리는 다른 분야에서도 통용되기 때문이다.

무슨 일이든지 한 가지 일에 능통하라.

- 『경행록』

진정한 독서는
'읽는' 게 아니라 '실천하는' 것이다

66 책을 읽는 사람은 자신이 옛 성현들의 가르침을 배우고 있다고 생각한다. 그런데 그들이 하는 행동은 제멋대로다. 이래서야 책을 통해 배운다고 한들 하나도 배우지 않는 것과 다름없다. 책을 아무리 감명 깊게 읽어도 무슨 소용이 있겠는가. **99**

책은 단순한 오락거리이며, 독서는 그저 시간을 때우기 위해 하는 것이라고 생각하는 사람이 있다. 소위 많이 배웠다는 사람들에게서도 이런 태도를 흔히 볼 수 있다. 그들은 독서를 머리의 체조쯤으로 여긴다. 그들이 읽고 있는 책이 그 수준이니 당연한 일인지도 모른다.

서점에 가면 단숨에 읽을 수 있는 쉬운 책들이 넘쳐난다. 속도가 중요시되는 오늘날에는 쉽게 페이지를 넘길 수 있는 책이 인기가 있다. 자세를 고쳐 잡고 책의 저자와 진지한 대면을 하게 하는 책은 드물다.

나는 홈페이지를 통해 일주일에 세 권씩 책을 소개하고 있다. 물론 읽은 책은 그 외에도 많아 대략 1년에 2천 권 정도를 소화하고 있다. 그런데 만약 누가 시켜서 책을 읽었다면 이만큼 재미를 느끼지는 못했을 것이다. 오히려 고통스러웠을지도 모른다.

회사를 경영하거나 혹은 다른 사람을 교육하거나 스스로 인간적인 성장을 이루고 싶은 사람에게 독서는 단순한 오락거리 그 이상을 의미한다. 그들에게 독서라는 행위는 단순한 시간 때우기가 아닐뿐더러, 쉬운 책은 잘 읽지도 않는다.

많은 사람을 만나 그들로부터 직접 가르침을 받는 것도 좋지만 이미 세상을 떠난 옛 위인, 철인의 사상을 접하는 데 책만큼 좋은 건 없다. 그래서 많은 기업의 총수들이 책을 통해 경영의 힌트를 얻는다. 필자가 정리한 『논어』나 『손자』 역시 기업가들이 많이 찾는 책이다.

누구나 한정된 시간을 살아가는 존재이기에 자신이 가장 관심을 가지는 분야, 예컨대 비즈니스맨이라면 비즈니스에 도움이 되는 독서를 하면 된다. 필자 또한 기업 경영, 발상의 전환, 인간적 성장을 위해 독서를 하고 있다. 나는 이제껏 살아오면서 많은 것을 책을 통해 배울 수 있었다. 『신음어』 또한 그중 하나다.

책을 통해 저자와 대면을 하다 보면 시공을 초월하여 실제로 대화하고 있는 듯한 착각이 든다. 여곤을 비롯해 공자나 손자 등이 '이런 질문에는 어떻게 대답할까?'를 상상하며 읽으면 독서의 즐거움은 배가된다. 마음에 와 닿는 부분을 몇 번씩이나 음미할 때는 그들이 흐뭇한 미소를 짓고 있는 장면을 상상하기도 한다.

"마음에 때가 낀 상태로 옛사람들의 절실한 글을 읽는 것, 침착하지 않은 마음으로 고요하고 깊이 있는 글을 읽는 것, 경박한 마음으로 섬세한 글을 읽는 것, 편협한 마음으로 폭넓은 사상이 담긴 글을 읽는 것. 이러한 독서 태도는 삼가야 하리라."

여곤은 이렇게 언급하고 있는데, 애당초 어떤 마음으로 읽기 시작하든 그 책에 힘이 실려 있다면 독자의 마음을 침착하고 고요하며 드넓게 만들 수 있다고 생각한다.

과거에 얽매이지 말고
새로운 것을 받아들여라

66 그릇이 작은 학자야말로 가장 형편없는 학자다. **99**

    연구가나 선생님이라 불리는 사람만이 학자는 아니다. 책을 통해 배움을 얻고자 하는 사람, 혹은 학문을 지향하는 사람 모두를 학자로 여긴다면 여곤이 말하고자 하는 바를 더욱 잘 이해할 수 있다.

    학자들이 가장 경계해야 할 행동은 옛 위인들의 가르침이나 전례에 집착하는 일이다. 자신이 습득한 지식에 얽매인 나머지 그것들이 오히려 성장의 걸림돌이 되는 것이다.

    오늘날은 과거의 성공 법칙이 그대로 통용되기 힘든 시대다. 정치, 사법, 입법은 물론 경영의 스타일 또한 시시각각 변화하고 있다. 그럼에도 불구하고 과거의 공식에 끼워 맞춰 문제를 풀고자 한다면 틀린 답만 나올 뿐이다.

    "인습에 얽매인 학자의 고리타분한 가르침, 편협한 사고를 가진 사람의 왜곡된 말, 수준이 낮은 것들에만 관심이 있는 사람의 지식, 침착하지 못한 사람의 얄팍한 생각, 사기꾼의 유혹과 아첨꾼의 감언, 이러한 것들에 귀를 기울여서는 안 된다."

    여기서 언급한 사람들과 별반 다를 바가 없는 학자들이 적지 않다. 자신의 어설픈 학설에 도취되거나, 자기보다 뛰어난 논문을 부정하거나, 후진의 참신한 학설을 배격하거나, 우두머리 행세를 하며 학계에 군림하려고만 하는 학자는 백해무익한 존재다.

그릇이 작은 학자들이 학계를 좌지우지한다면 그로 인해 사회가 입는 피해는 얼마나 크겠는가. 일류의 학자는 세계 어디서든 살아갈 수 있다. 굳이 태어난 나라를 고집할 필요가 없다. 국내의 뛰어난 인재가 자꾸 해외로 유출된다면 어떻게 되겠는가. 이 나라에 이류, 삼류의 학자들만 득실거리게 된다면 그 대가는 고스란히 국민이 치러야 한다.

옛것을 익히고 새로운 것을 알면
능히 스승이 될 수 있다.

- 공자

대담하게 착수하고
세심하게 추진하라

66 업무를 성공적으로 달성하려면 충분히 생각해서 신중하게 대처하는 것이 가장 중요하다. 그다음으로 중요한 것은 의욕을 가지고 온 힘을 다해 부딪치는 것이다. 그러고는 착실히 한 걸음씩 나아가 중도에서 포기하지 말아야 한다. 또한 깊이 생각하고 세심한 배려를 잊지 말아야 한다. 99

일은 막무가내로 추진한다고 해서 성공하는 게 아니다. 경기가 좋았던 거품경제 시대라면 몰라도 요즘 같은 시대에는 성공에 대한 밑그림을 확실하게 그려둬야 한다.

필자는 이제껏 3만 명이 넘는 기업가들과 만나왔고, 개중에는 벤처기업을 이끄는 사장도 많았다. 그들은 언뜻 보기에는 대범하고 배짱이 있었지만 나름대로 치밀한 계산을 하고 있는 경우가 대부분이었다. 1년 뒤에는 이것, 2년 뒤에는 저것, 이런 식으로 사업에 관한 아이디어가 넘쳐났다. 꼭 성공을 위한 아이디어가 아니라 자신이 정말로 하고 싶은 일의 아이디어를 냈다. 물론 사전에 계산을 해도 예기치 못한 문제가 발생하는 게 현실이지만, 그들은 불굴의 의지로 그런 문제들을 해결해나갔다.

"성공을 이루기 전에 포기하는 것이야말로 실패다."

이는 마쓰시타 고노스케가 남긴 유명한 말이다. 각오를 다졌다면 남은 일은 과감하게 도전하는 것이다. 자신감을 갖고 치밀하게 준비했다면 이제 대담하게 사업에 착수해야 한다. 첫 단추가 중요하다. 출발할 때 바람을 타고 높이 날 수 있다면 나중에는 훨씬 수월해진다.

일을 추진할 때는 세심한 주의를 기울이는 게 중요하다. 어설프게 준비하다간 자신의 재량을 마음껏 발휘하지도 못하고 중도에 포기하기 십상이다.

"일하는 데 있어 중요한 네 가지 요령은 다음과 같다. 기회가 오면 과감히 결단을 내릴 것. 참아야 할 때는 끝까지 견뎌낼 것. 일 처리는 사려 깊고 침착하게 할 것. 변화에는 기민하게 대응할 것."

여곤이 지적한 대로 일을 하는 데 중요한 것은 충분히 생각하고 과감히 행동하는 것이다. 도중에 지쳐 쓰러지지 않도록 의욕을 가지고 한 걸음씩 착실하게 나아가야 하고, 사소한 문제 때문에 난관에 봉착하지 않도록 방심하지 말아야 한다. 또한 사업 환경의 변화에 대해서는 늘 신경을 쓰고 관심을 가져야 한다.

일은 해보면 쉬운 것이다.
그럼에도 시작은 하지 않고
어렵게만 생각하기에
할 수 있는 일들을 놓치게 된다.

- 맹자

당연한 것을
당연하게 생각하지 마라

응무편(應務篇)

우연 속의 징조를
포착하라

66 세상살이에는 당연한 일, 자연스러운 일, 우연한 일이 있다. 훌륭한 인물은 당연한 것을 당연하게 받아들이고, 자연스러운 일에서 배움을 얻으며, 우연히 일어난 일에 당혹스러워하지 않는다. 그런데 소인은 당연한 일을 깨닫지 못하고 자연스러운 일을 외면하며 우연을 알지 못한다. 99

우연을 우연으로만 인식하는 사람은 일류의 인물로 보기 힘들다. 언뜻 보기에 우연으로 보이는 현상도 그 속에 필연이 있고, 당연이 있고, 자연이 있는 법이다.

사업을 하다 보면 성공할 때도 있고 실패할 때도 있다. 이때 당사자의 반응은 각양각색이다. 실패했을 때는 '운이 없었다', 성공했을 때는 '노력의 대가'라고 생각하는 사람이 있는가 하면, 어떤 사람은 실패했을 때 '부족함 때문이다', 성공했을 때 '운이 좋았다'고 여긴다.

이러한 인식의 차이야말로 회사 경영에 차이를 가져온다. 실패를 자신의 과오로 돌리면 그 실패의 원인을 파악하고 반성하며 교훈을 얻을 수 있다. 이런 사람은 같은 실패를 두 번 다시 반복하지 않는다. 또한 성공의 이유를 운이 좋았기 때문이라고 여기면 겸손한 태도를 지닐 수 있기에 방심하지 않게 된다.

자기가 잘나서 성공했다고 여기면 자만심과 스스로에 대한 과신으로 언젠가는 넘어진다. 조금 붐을 탔다고 해서 잘난 체하다가는 결코 오래가지 못한다. '얼마 전까지만 해도 그렇게 잘 풀렸는데 왜 갑자기 힘들어졌을까?' 하고 생각해도 소용없다. 바람은 더 이상 불지 않는다.

단순한 유행일 뿐인가, 아니면 새로운 시대의 도래인가. 이 두 가지의 차이를 구분하기 위해서는 우연인지, 필연인지, 자연스럽고 당연한 결과인지를 꿰뚫어 보는 안목이 필요하다.

훌륭한 인물은 우연 속에서도 '시대의 예감'을 읽어낸다. 거품경제가 붕괴하자 과감하게 가격 인하를 단행해서 시장을 확대한 맥도널드, I모드(i-mode: NTT도코모가 제공하는 전용 휴대 전화를 사용하여 전자 메일의 송수신이나 인터넷에 포함된 웹 페이지 열람 등을 할 수 있는 서비스)를 전면으로 내걸고 업계 1위의 자리에 오른 NTT도코모가 콘텐츠를 강화해서 더욱 격차를 벌인 것은 필연적이고도 당연한 결과이다.

그런데 소인은 겉으로 드러난 모습만 가지고 들뜬 나머지 그 뒤에 숨겨진 현상을 침착하게 관찰하지 않는다. 그래서 순식간에 몰락하게 되고, 실패의 원인을 운 때문이라고 한탄한다. 이래서는 실패를 딛고 다시 일어설 수 없다.

일이 잘못되면

군자는 제 탓을 하고 소인은 남을 탓한다.

- 공자

장점을 먼저 칭찬하고
단점을 지적하라

> 충고할 때는 상대방의 인간성을 파악하고 있어야 하며, 장점은 끄집어내고 단점은 교정하는 방법을 취해야 한다. 약점이나 결점만 집요하게 파고들면 아무런 효과가 없다. 상대방과 대립하지 말고 직설적인 발언은 피하라. 또한 고리타분한 설교를 반복해서도 안 된다. 상대방이 충고에 귀를 기울이지 않는 것은 충고하는 방법이 잘못되었기 때문이다. "

남에게 조언하는 일은 어렵다. 그중에서도 가장 어려운 게 바로 조언하는 타이밍을 잡는 것이다. 언제, 어떤 상황에서 조언하는 게 효과적일까.

어떤 책에는 "부하를 혼낼 때는 나중에 아무도 없는 곳으로 불러서 해야 한다"고 적혀 있다. 과연 그럴까. 사람과 사람의 만남만큼 소중한 것도 없다. 상사와 부하 관계 또한 예외는 아니다.

잘못했을 때는 그 자리에서 충고해야 한다. 즉시 조언하라. 바로 이것이 의사소통의 기본이다. 물론 이때 상대방이 어떤 사람인지 확실히 인식하지 못하면 효과는 반감된다. 혼이 나도 금방 잊어버리는 화끈한 성격인지, 아니면 조금만 혼나도 위축되는 사람인지, 논리적으로 설명하면 금방 알아듣는 사람인지 알아둘 필요가 있다.

의사소통할 때 상대방에 따라 각각 다른 방법을 구사할 것. 이것이 여곤이 강조하는 충고법이다. 충고할 때 가장 중요한 것은 상대방이 자연스럽게 귀를 기울이도록 유도하는 일이다. 우선 장점을 끄집어내고 그다음에 단점이나 결점을 지적하는 요령이 있어야 한다. 다시 말해 '한 가지를 혼내면 세 가지를 칭찬하는 방법'이다. 이렇게 하면 상대방은 자신이 혼나기만 했다고 여기지 않고, 충고에 대해서는 진지하게 귀를 기울인다.

"평소에는 안 그러는 자네가 왜 그런 일을 했지?"

"왜 너답지 않게 실수를 저질렀을까?"

이런 식으로 표현하면 꾸중을 듣더라도 기분이 나쁘지는 않다. 최악의 충고는 듣는 쪽이 귀를 막고 싶은 충고다. 평소에 자기가 잘 알고 있는 약점이나 단점을 지적당하면 누구든지 마음이 상한다. 아마 귀를 막지 않는 사람이 없을 것이다. 같은 충고를 하더라도 직설적인 표현은 피하고 완곡하게 표현하는 것이 좋다. 물론 핵심에서 벗어나 빙빙 돌려 설교를 반복하면 효과는 없다.

여곤은 충고할 때 이와 같은 주의 사항을 지키지 않으면 결코 효과가 없을 거라고 강조한다. 충고의 목적은 상대방의 귀를 열게 해서 생각과 행동을 개선하는 데 있다. 이 사실을 망각하고 막무가내로 충고하면 그것은 자기만족을 위한 행동에 그칠 뿐이다.

"도리에 대해 언급하려거든 철저히 하라. 사물에 대해 토론할 때는 핵심에 다가서야 한다. 하지만 인간에 대해 말할 때는 어느 정도 여유를 두는 게 좋다. 마음 한복판에 상처를 입히는 행위는 피해야 한다. 훌륭한 인물은 섣불리 상대방의 잘못을 들추지 않는다. 이렇게 처신하면 상대방과의 관계를 원만히 유지할 수 있을 뿐 아니라, 상대방의 체면을 살려주면서 반성의 기회를 줄 수 있다.”

비즈니스맨이라면 일을 하다가 종종 여러 가지 충고를 받는다. 그런데 간혹 일에 대해서가 아니라 인간성을 지적당하면 마음에 상처를 입기도 한다.

업무와 인간성은 반드시 따로 구분해야 한다. 문제가 되는 것은 일하는 방식이지 그 사람의 인격이 아니다. 혹은 그 사람의 인격이 문제이지 일하는 방식이 잘못된 게 아니다. 어느 쪽이든 확실하게 구분을 해둬야 한다.

충고는 보다 좋은 변화를 유도하기 위한 조언이지 단순한 꾸지람이나 잔소리가 아니다. 또한 조언은 명령이 아니다. 받아들이느냐 아니냐는 상대방의 의사에 달려 있다. 이렇게 인식한다면 충고하는 쪽도 받는 쪽도 마음을 편하게 가질 수 있으리라.

발탁과 좌천은
공평무사하게 하라

66 위업을 달성하려거든 자신의 덕과 힘을 객관적으로 바라보고 적재적소에 사람을 기용해야 한다. 정이 있고 사리에 맞게 발탁하여 주위 사람의 신뢰를 받는 것이 우선이다. 이러한 바탕 위에서 행동한다면 반드시 성공할 수 있고, 그 성공을 오래 간직할 수 있으리라. **99**

이 세상에서 가장 힘든 일 중에 하나가 공평무사하게 일을 처리하는 게 아닐까 싶다. 그만큼 인간에게는 욕심이 많다는 뜻이리라. 큰일을 추진할 때는 사리사욕을 채우고 어느 한 사람만 편애하는 행위는 지양해야 한다. 만약 이렇게 행동한다면 주위 사람의 협력을 얻기 힘들다.

'이 일은 내 역량으로 할 수 있는 일인가.' 훌륭한 사람은 우선 자신의 힘을 냉정히 바라본다. 그리고 시대의 흐름까지 파악하고 나서 적재적소에 사람을 배치하고 일을 추진한다.

모든 사람의 욕망을 다 채워주는 것은 불가능하다. 조그마한 구멍 하나가 화근이 되어 둑이 무너지듯이, 사소한 편애 때문에 주위 사람의 반대에 부딪힌다면 큰일을 추진할 수 없다.

오늘날의 기업에서는 종신 고용과 연공서열이 사라지고 개인의 능력 위주의 시스템이 자리를 잡았다. 장유유서(長幼有序)라는 고리타분한 발상은 적어도 비즈니스 세계에서는 더 이상 통용되지 않는다. 중요시되는 것은 바로 실력과 인간성이다.

기업에서의 파격적인 인사 제도는 앞으로 더욱 많아질 것이다. 구조조정은 이제 서막에 불과하다. 조만간 미국처럼 젊은 나이에 CEO로 발탁되는 경우도 늘어날 것이다. 누가 발탁되든 주위 사람들이 납득하면 그만이다. 본인이 신경 쓸 필요는 없다. 조직에 몸담고 있는 구성원이 이해하고 받아들이면 된다. 반대로 좌천의 경우는 주위 사람이 아니라 본인만 납득하면 된다. 그 외에는 아무것도 신경 쓸 필요가 없다.

그런데 아직도 우리 사회의 대기업, 그리고 대기업병에 걸린 중소기업들은 과감한 발탁 인사에 인색한 경향이 있다. 소프트웨어 산업을 육성시키려 해도 우수한 인재들은 스톡옵션 등의 더 많은 보수를 받을 수 있는 외국계 기업으로 흘러 들어간다. 어렵게 사원을 뽑아 교육을 시켜도 회사에서 능력에 걸맞은 대우를 받지 못한 이들은 직장을 떠난다. 이처럼 기동력 없는 시스템으로는 앞으로의 시대에 살아남기 힘들다.

제도란 본래 경영을 원활히 하고 강화하기 위해 존재했지만, 제도의 이행을 가로막는 규제가 많아지면 성장에 장애가 된다. 규제 완화는 행정 분야뿐 아니라 기업 자체적으로도 이루어져야 한다.

눈에 보이지 않는 인습에 얽매인 나머지 과감한 구조 개혁을 단행하지 못하는 회사가 얼마나 많은가. 사내 규제야말로 타파해야 할 첫 번째 벽이라 할 수 있다.

삼류 리더는 자신의 능력을 사용하고,

이류 리더는 남의 힘을 사용하고,

일류 리더는 다른 사람들의 지혜를 사용한다.

- 한비자

안락한 삶일수록
변화가 필요하다

66 불행은 대체로 안락한 생활에서 비롯되며, 방심하지 않고 꾸준히 노력함으로써 피할 수 있다. 사치스러운 생활에서 비롯되고, 검소한 생활을 통해 피할 수 있다. 욕심을 채우려는 행위에서 비롯되고, 분수를 앎으로써 피할 수 있다. 또한 쓸데없이 일을 벌이는 데서 비롯되고, 신중한 행동을 통해 피할 수 있다. **99**

'이를 10년 전에 알았더라면.'

살다 보면 이런 생각이 드는 때가 있다. 경기가 호황일 때 공부를 해두면 좋았을 걸 하고 후회하는 사람이 적지 않은데, 공부란 대개 나이를 먹고 때를 놓쳤을 때 후회하게 된다.

안락함과 여유로움은 다르다. 여유는 마음의 긴장을 풀어주지만 안락함은 마음을 산만하게 한다. 어떤 일이 일어나도 대응할 수 있도록 만반의 준비가 되어 있으면서 몸과 마음이 긴장감에서 해방되어 있는 상태. 이러한 상태야말로 진정한 여유로움이라 할 수 있다. 언뜻 어렵게 느껴지지만 습관을 들이면 쉽다.

안락한 생활은 아무런 목적이 없는 생활이다. 멍하니 허탈한 상태는 동물로 치면 잡아먹혀도 모르는 방심한 상태를 말한다. 인간도 태어나서 3개월까지는 이런 상태를 경험한다.

안락한 생활, 반대로 이것저것 해야 할 일 때문에 정신이 없는 생활, 이러한 생활은 모두 스스로 초래한 것이지 결코 다른 사람의 탓이 아니다. 한번 이러한 악순환에 빠지면 벗어나기 어렵다. 컴퓨터와 마찬가지로 시스템 자체를 바꾸지 않으면 안 된다.

다시 말해 한 번쯤 완전히 엎어버린 다음에 출발점에 서서 근본적으로 다시 시작할 필요가 있는 것이다. 삶의 폭이 좁거나 인간관계가 편협한 사람은 안락한 생활에서 빠져나오기 힘든 경우가 많다.

유능한 경영자는 비즈니스 세계에서 해방되기 위해 도장을 찾거나 문화 행사에 참석하면서 자신의 인맥, 기맥(氣脈)의 차원에 변화를 준다. 회사가 성장하면 할수록 경영자는 인간적으로 성장해야만 한다. 바꿔 말해 경영자의 인간적인 성장 없이 회사는 발전하기 어렵다.

먼 후의 일을 걱정하지 않으면
반드시 가까운 장래에 근심이 생긴다.

- 공자

미래를 계획하기 전에
눈앞의 문제부터 해결하라

> **6 6** 눈앞의 문제를 토론할 때는 눈앞의 대책을 주제로 해야 한다. 과거를 들출 필요도 없고 먼 장래를 생각할 필요도 없다. 관련이 없는 것을 가지고 꼼꼼히 토론해봤자 문제 해결에 이를 수 없다. **9 9**

현재 주식이 오른 회사는 모두 '눈앞의 문제'를 진지하게 다루고 있다. 바로 그러한 자세에 주주들은 따뜻한 응원을 보낸다. 반대로 전통이 있고 유명한 회사라 하더라도, 얼마 전까지 우량 기업이라 불리던 기업이라도 정작 눈앞에 닥친 문제는 해결하지 못한 채 원대한 사업 계획을 선전한다면 아무도 귀를 기울이지 않을 것이다. 그저 차가운 시선만 보낼 뿐이다.

얼마 전까지만 해도 '구조조정을 단행하여 직원 수를 절반으로 줄인다'는 기사가 나오면 주식값은 폭락했다. 그런데 지금은 같은 기사가 나와도 '앞으로 이 회사는 실적이 올라갈 것이다'라는 기대감으로 오히려 주식값이 올라간다.

한편 시간이 흘러도 부실 채권을 정리하지 못하는 금융 기관 등은 주식값이 뛰지 않는다. 구조조정을 단행하고 경영진이 책임을 지면 해결될 일인데, 그렇게 하지 못한다. 보신주의에 빠진 사람이 자기 개혁에 관심이나 있겠는가.

거창한 장래의 비전보다 눈앞에 닥친 문제를 해결하는 것. 이런 간단한 우선순위조차도 무시하면서 어떻게 회사가 원만하게 굴러

가기를 기대하겠는가. 물론 장래에 대한 비전도 중요하다. 하지만 필자의 경험에 따르면 무능한 경영자일수록 눈앞에 닥친 문제를 외면한 채 거창한 사업 구상을 입에 담기를 좋아한다.

눈앞에 닥친 문제 해결에 왜 착수하지 못하는가. 해결할 방법을 알지 못하는 게 첫 번째 이유다. 두 번째 이유는 과거의 경험에 집착하고 있기 때문이다. 현재라는 시간을 과거의 연장선으로 생각하기에 그렇다. 과거는 과거이고, 현재는 현재일 뿐이다.

여곤은 다음과 같이 언급한다.

"과거를 후회하는 것보다 빨리 잊고 초심으로 돌아가 신중하게 대처하는 게 좋다. 먼 훗날을 걱정하는 것보다 지금 당장 일의 방식을 바꾸는 것이 좋다. 쓸데없이 고민해봤자 아무런 이득이 없다."

여기서 중요한 것은 지금 당장 변화를 추구한다는 점이다. 속도감 있는 경영이란 중간 관리직이나 현장에서 활동하는 비즈니스맨에게만 해당되는 이야기가 아니다. 경영자가 얼마만큼 빨리 결단을 내리고 현명한 판단을 할 수 있느냐도 중요하다.

이미 지나간 일을 후회하거나 불확실한 미래에 대해 이런저런 고민을 하기보다 지금 자신이 안고 있는 문제를 해결하는 것. 이러한 현실주의자의 태도를 가지지 않는다면 제대로 된 경영을 해나갈 수 없다.

작은 이익에 흔들리면 후회할 일이 생긴다.

- 한비자

업적만으로 사람을 판단하지 마라
중요한 건 인간성이다

" 의를 행할 때는 득실을 따져서는 안 된다. 사람을 평가할 때는 결과만 보고 평가해서는 안 된다. **"**

여기서 '의'란 대의를 말한다. 대의명분, 다시 말해 인간으로서 반드시 해야 할 일을 할 때는 이것저것 계산하고 득실을 따지지 말아야 한다는 것이다. 또한 사람을 평가할 때는 겉으로 드러난 숫자나 업적만으로 평가해서는 안 된다고 여곤은 강조한다.

숫자는 눈에 보이는 것이기에 누구나 금방 이해할 수 있다. 전 세계적으로 통용되는 화폐, 예컨대 달러를 세고, 환율을 적용하는 데 있어 논쟁이 생기기는 어렵다.

수준이 높은 인물은 여러 가지 척도를 가지고 상대방을 평가한다. 직장에서는 겉으로 드러나는 숫자만으로 어떤 사원이 가장 뛰어난 성과를 달성했는지 금방 알 수 있다. 하지만 그 사람이 얼마나 조직에 공헌하고 있는가는 숫자만으로 판단할 수 없다. 직장을 밝은 분위기로 만드는 데 일조하는 사원도 있고, 회식 자리에서 분위기를 띄우는 역할을 하는 사원도 있는 법이다.

경기가 안 좋아지면 무조건 실적이 나쁜 사원부터 구조조정의 대상이 되곤 하는데, 기업 측에는 과연 아무런 책임이 없는 것일까. 경영자가 쫓아낸 사원의 재교육을 이제는 국가가 떠맡고 있는 실정이다. 기업을 경영하는 사람이 얼마만큼 실적 이외의 척도로 사원들을 바라보고 있느냐가 중요하다.

'사원의 월급은 회사의 비용이다', '실적을 내지 못하는 사원은 창고에 쌓이는 재고와 다름없다', 유감스럽게도 이런 단순한 사고를 하는 경영자가 적지 않은 듯싶다.

여곤은 말한다.

"이 세상을 살아가는 데 가장 중요한 법칙이 하나 있다. 자신이 싫어하는 일을 타인에게 하지 말라는 것이다. 상대방을 자신과 같은 시선으로 바라보고 상대방 입장을 생각해서 행동해야 한다. 그런데 이것만으로는 부족하다. 자신이 싫어하는 일이지만 상대방은 좋아하는 경우도 있고, 자신은 했으면 하는 일인데 상대방은 내키지 않아 하는 경우도 있다. 이러한 사정을 이해한다면 더욱 풍요로운 삶이 될 것이다."

『논어』나 『성서』에도 비슷한 구절이 있다. 남을 배려하는 마음이 없고, 남을 따뜻하게 대하지 못하는 사람이 주위 사람에게 영향을 끼칠 수는 없다. 여곤은 이러한 사실을 꿰뚫어 보고 있다.

인간을 그저 고정 비용으로 바라보는 시대는 서글프다. 불황이 닥치면 인심마저 흉흉해진다. 경제 상황이 나빠졌는데도 치안이 좋아지고, 건전한 문화생활을 누릴 수 있었다는 사례는 이제껏 들어본 적이 없다.

미국의 기업에서는 구조조정이 빈번하게 일어난다. 그런데 경험이 없는 사람부터 구조조정의 대상이 된다. 따라서 나이가 많고 연륜이 있는 사람이 거리로 내몰리는 경우가 거의 없다. 게다가 경기가 좋아지면 다시 고용하는 경우가 많다. 따라서 구조조정이란 어떻게 보면 '일시적인 귀향'이며, 우리 사회처럼 영영 다시 회사로 돌아오지 못하게 만드는 것을 뜻하지는 않는다.

　미국 기업은 실적이 좋을 때도 구조조정이 반복된다. 사원들도 이를 당연히 여기므로 자기 개발을 소홀히 하지 않는다. 직장에 다니면서 대학에서 공부하는 사람도 많다. 거기서 새로운 이론을 배우고 회사로 돌아가 실전에 적용한다. 이런 식으로 회사와 조직원이 함께 성장해나가는 것이 바로 미국의 저력이다.

　경기가 나빠지면 여기저기서 경비 삭감의 목소리가 들리지만, 이는 돈을 벌 수 있는 동안에만 효과가 있는 처방이다. 매출이 바닥을 기는데도 경비 삭감만을 외친다면 상황을 더욱 부정적으로 만들 뿐이다.

독단을 피하려면
여러 사람의 지혜를 모아라

66 문제에 부딪쳤을 때는 깊고 넓게 사람들의 의견을 수렴하지 않으면 안 된다. 독단으로 처리하는 것은 금물이다. **99**

　오늘날처럼 독불장군식의 경영자들이 남긴 폐해가 부각되는 시대도 없다. 이런 경영자의 특징은 공격에는 강한데 수비에 약하다는 점이다. 그들은 한창 경기가 좋았던 거품경제의 시대에는 막강한 힘을 발휘했다. 그때는 자신의 명령 한마디에 모든 게 일사천리로 진행될 수 있었다.

　그런데 지금은 어떤가. 특급 열차가 급정거를 하는 바람에 탈선 사고를 일으키는 꼴과 똑같다. 거품이 붕괴되기 전과 붕괴되고 나서의 경제 상황은 예수의 탄생 전과 탄생 후만큼의 차이가 있다. 서양에서는 BC와 AD로 시대를 구분하는데, 우리는 AB와 BB로 구분할 수 있을 것 같다. 물론 여기서 B란 버블을 말한다.

　여곤은 이렇게 말한다.

　"천 리 앞길을 내다보는 것보다 등 뒤의 한 척을 바라보는 게 더 어렵다. 전체를 넓게 바라보는 일은 어렵지 않다. 하지만 반추하며 세밀히 관찰하는 것은 어렵다. 눈에 보이는 것을 바라보는 일은 어렵지 않다. 그러나 눈에 보이지 않는 것을 꿰뚫어 보는 것은 어렵다. 지혜를 터득한 사람만이 이러한 일들을 능히 해낼 수 있으리라."

경제의 거품이 사라지자 와르르 무너진 경영자들은 지혜가 모자랐던 것일까. 물론 그럴 수도 있겠지만 정부의 정책이 발을 묶으면 누구든 넘어질 수밖에 없지 않을까.

여곤은 이런 말도 덧붙인다.

"예상 밖의 일이 일어나면 지혜가 있는 자라도 순간 당황한다. 그러니 지나치게 몰아세우지는 마라."

예상외의 상황이 벌어졌으니 거기에 휩쓸리는 것도 무리는 아니다. 그러나 모두가 거품경제의 피해를 입지는 않았다. '이런 호황은 결코 오래가지 못할 것'이라고 판단하고 무리한 사업 확장보다는 내실을 다진 기업도 적지 않다.

이런 기업의 경영자들에게 공통되는 점은 제대로 된 정보를 폭넓게 수집하고 있었다는 점이다. 벌거벗은 임금님이 아니라 자신이 직접 해외의 전문가에게 전화를 걸어 자문하거나 여러 나라의 미디어로 공부를 했다. 즉, 유행에 휩쓸리기보다는 침착하게 자신만의 주관을 간직하고 있었다.

"세상에는 예기치 못한 사건들이 간혹 일어난다. 보통 사람은 자기 눈앞에 닥치지 않는 한 그걸로 안심한다. 그러나 사물의 본질을 꿰뚫어 보는 사람은 사고에 대비해 준비를 게을리하지 않는다. 늘 만전의 태세를 갖추고 있기 때문에 걱정할 필요가 없다."

자신의 고집을 피우는 게 나쁜 일이 아니다. 고집을 피우다가 중요한 정보가 들어오지 못하고 차단되거나, 정보를 찾지 않는 태만이 화를 부르는 것이다.

나라가 멸망할 조짐을 보이자 황제를 모시던 신하들이 재빨리 도망치듯이, 혼자서 독불장군처럼 행세하는 경영자 밑에 남아 있을 부하는 아무도 없다.

말이 아니라
마음으로 위로하라

66 걱정거리가 있는 사람에게 즐거운 표정을 짓지 마라. 울고 있는 사람에게 웃는 모습을 보이지 마라. 그리고 실의에 빠진 사람에게 의기양양한 태도를 취하지 마라. **99**

건강한 사람이 병에 걸린 사람의 심정을 알기란 쉽지 않다. 병문 안을 가더라도 그저 힘을 내라며 가볍게 격려할 뿐이다. 하지만 환자 입장에서는 이미 충분히 힘을 내고 있는 것이다. 이 이상 어떻게 힘을 내란 말인가.

병이 무거우면 무거울수록 건강한 사람과 대화를 하는 일조차 힘에 부친다. 환자 쪽이 오히려 문안을 온 사람에게 신경을 쓰느라 더 피곤해진다.

마찬가지로 고민거리가 있는 사람에게 "너무 신경 쓰지 말고 긍정적으로 생각해"라고 섣불리 위로해봤자 별 효과는 없다. 심각한 고민이 있으면 웃는 표정을 짓는 것조차 힘들다.

장사가 안 되는 사람에게 '내 가게는 장사가 잘된다'고 자랑하는 것은 금물이다. 상대방이 안 좋은 상황에 있을 때 섣불리 입을 열다가는 마음에 상처만 주기 십상이다.

그렇다면 어떻게 행동하면 좋을까. 그저 침묵하면 된다. 같이 그 자리에 있어 주면 된다. 자리를 뜰 때 다시 오겠다고 말하는 것만으로 족하다.

8
장

덕이 넘치는
삶을 살아라

·
·
·
·
·
·
·

양생편(養生篇)

겉모습에 현혹되지 말고
본질을 봐라

66 지나친 것이 오히려 화가 되는 경우가 있다. 사람은 맛있는 음식, 재미있는 것에 마음을 빼앗기기 쉽다. 아름다움에 홀리고, 맛있다고 과식을 한다. 목소리가 좋다고 귀를 솔깃하고, 능력이 있다고 일거리를 몰아서 맡긴다. 편안한 방에는 계속 머무르고 싶고, 수려한 풍경은 시간 가는 줄 모르고 바라보며, 좋아하는 취미에 몰입한다. 이러한 것들은 모두 화의 원인이다.

아름다움에 집착하지 않는다고 해서 그것에 대한 감성마저 없는 것은 아니다. 다만 지나치게 마음을 빼앗기는 것을 피하고 싶을 뿐이다. 스스로를 통제하지 못한다면 무턱대고 먹이에 이끌려 덫에 걸리는 물고기나 짐승과 다를 바가 없다. **99**

인간에게는 감성이 있다. 아름다운 것을 보면 감탄을 하고, 맛있는 음식을 보면 먹어보고 싶은 심정은 누구에게나 있다. 수려한 경치가 보이면 잠시 걸음을 멈추고 바라보고 싶은 게 사람 심정이다.

여곤은 이러한 인간 본연의 감성 자체를 부정하지 않는다. 모든 화는 지나치게 추구하는 데서 생겨난다. 아름다움에 마음을 빼앗겨 본래 해야 할 일을 소홀히 하는 것을 경계해야 한다.

예컨대 오늘날 골프를 즐기는 사람이 많다. 허물없이 지내는 친구들과 '라운딩'을 하는 것만큼 기분 상쾌한 일도 없으리라. 더군다나 오래간만에 클럽에 가는 경우라면 조금이라도 더 필드에서 시간을 보내고 싶을 것이다. 그런데 한 나라의 리더라는 사람이 중대한 외교 문제가 발생했는데도 한가로이 골프를 치며 직무를 소홀히 하면 나라가 어떻게 되겠는가.

여곤은 이러한 위험성을 조금이라도 덜기 위해서 스스로를 통제할 것을 강조한다. 사람들의 위에 서서 지시를 내릴 수 있는 리더의 그릇인지 아닌지는 스스로에게 엄격한지 아닌지로 판별할 수 있다. 정치가든 경영자든 이는 진정한 프로의 판단 기준이 된다.

겉으로 드러나는 현상에 집착한 나머지 본질을 놓치지 말라고 여곤은 지적한다.

"인간은 복잡한 감성과 감정을 지닌 존재라는 것을 이해해야 한다. 겉으로 드러나는 현상은 눈에 보이기에 누구든 알 수 있다. 그러나 본질은 감추어져 있기 때문에 꿰뚫어 보기가 힘들다. 삼라만상은 늘 변화하는데, 어떻게 변화하는지를 파악하는 게 중요하다. 다양한 분야에 대한 세심한 이해, 그리고 사소한 것에 집착하지 않고 대국적인 관점에서 바라보는 일도 중요하다."

인간의 마음은 여러 가지 감정을 담아낸다. 남에게 사기를 당하는 이유는 표면적인 현상에 집착하기 때문이다. 여기에 본인의 욕심마저 더해진다면 사기꾼의 덫에 이미 걸린 것과 다름없다. 달콤한 유혹에는 반드시 대가가 따른다. 따라서 현상만 볼 것이 아니라 그 뒤에 숨겨진 본질에 주의를 기울일 필요가 있다.

상대방의 말을 곧이곧대로 믿어서는 안 된다. 본질이 어디에 있는지는 머리로 생각해야 한다. 과연 무엇이 소중하고, 무엇이 하찮은 일인가. 이러한 것들을 가려내지 못하는 사람이 윗자리를 차지해서는 안 된다.

　　누구나 이해할 수 있는 현상에는 모두가 손을 댄다. 반면 어렵고 본질적인 문제에 대해서는 아무도 다루려고 하지 않는다. 만약 어렵고 본질적인 문제를 개혁할 수 있다면 겉으로 드러나는 현상 따위는 하루아침에 바꿀 수 있다. 이는 정치든 경제든 마찬가지다.

이익은 독차지하지 말고
반드시 주위에 나눠라

> **66** 잘 살고 있는 사람들은 위험한 일은 피하고 시기를 잘 맞추며 욕심을 내지 않는다. 덕을 쌓는 것은 잘 살기 위한 가장 좋은 방법이다. 덕은 누구나 가지고 있다. 그런데 스스로 그 덕에 상처를 입히는 행위를 하면서 어찌 좋은 삶을 살 수 있겠는가. **99**

덕을 가진 삶, 덕이 넘치는 인생은 생활을 풍요롭게 하며 그 어떤 약보다도 건강에 도움을 준다.

덕에 대해 여곤은 다음과 같이 언급한다.

"명예나 이익을 혼자서 독차지하려고 해서는 안 된다. 주위 사람에게도 나누어줘라. 자기 몫이 조금 줄었다고 해서 섭섭해할 필요는 없다. 이 세상 모든 사람이 똑같이 만족할 수는 없는 법이다. 자기가 이득을 보면 누군가는 손해를 보게 되어 있다. 자기가 명예를 차지하면 누군가는 치욕을 맛보는 것이다.

따라서 훌륭한 인물은 덕을 쌓되 명예를 양보하며 이익은 나누어준다. 또한 잘난 척을 하지 않는다. 그러면서도 마음은 늘 행복한 상태에 머물러 있다."

무엇이든 혼자서 다 차지하지 말고 주위에 나누어주라고 여곤은 강조한다.

이 세상은 이쪽에서 이익을 보면 저쪽에서 손해를 보게 되어 있다. 자신이 화려한 조명을 받는 순간에 누군가는 어두운 곳에서 우울한 시절을 보내고 있는 것이다. 이런 사람들의 시기와 질투를 사서는 안 된다.

시기와 질투를 사지 않으려면 어떻게 하면 될까. 혼자서 독차지하지 말고 나누면 된다. 나누어 가진 사람들은 감사하게 여길 것이다. 남모르게 베푸는 행위는 다른 사람의 호감을 살 뿐 아니라 사회 전체에 바람직한 분위기를 유도할 수 있다. 남에게 베푸는 행위가 최고의 즐거움으로 자리 잡았을 때, 이미 덕은 완성되었다고 볼수 있으리라.

덕을 가진 사람은 연극에서 연출가에 비유할 수 있다. 연극의 주연 배우는 화려한 조명 아래에서 관객들로부터 박수갈채와 찬사, 존경을 한 몸에 받는다. 하지만 연출가는 무대 뒤에서 관객과 똑같이 박수를 친다. 성공을 진심으로 축하하는 마음으로 주연 배우를 바라본다. 하지만 이때 연출가는 주연 배우보다 더 깊은 행복감에 젖어 있을 것이다.

주연과 연출가는 분명 다르다. 서 있는 무대도 다르지만 가치관도 다르다.

덕이란 한마디로 표현하면 '얼마나 많이 버릴 수 있는가'이다. 덕을 가진 사람은 명예와 욕심, 이익을 과감히 버린다. 단순히 버리는 게 아니다. 버리면서 주위 사람에게 나누어준다.

나아가 덕을 가진 리더는 사람을 버릴 때를 안다. 쓸모없어서 버리는 게 아니다. 그 사람의 능력이 최대한 발휘될 수 있도록 기회를 열어주는 것이다. '버리는' 것은 동시에 새로운 무언가를 '채우는' 것과 같다.

윗자리에 설 수 있는 자는 한 명이라도 더 많은 사람을 행복하게 해줄 수 있는 사람이다. 가족에게 행복을 줄 수 있는 사람은 가장이 될 수 있다. 사원 전체의 행복을 생각하는 사람은 경영자가 될 수 있다. 마찬가지로 국민의 행복을 위할 수 있다면 나라를 다스리는 리더가 될 수 있다.

오늘날의 정치가들은 과연 몇 사람이나 행복하게 할 수 있는 그릇을 지녔을까.

제2부_외편(外篇)

덕으로 다스리고
신망을 쌓아라

자연의 이치를
존중하라

....

천지편(天地篇)

현상을 보고
본질을 상상하라

❝ 천지의 탄생에 관해서는 인간이 알 도리가 없다. 그러나 어떻게 이런 세상이 만들어졌는지 유추해볼 수는 있다. 지금의 이 모습, 성질을 살펴보며 상상해볼 수 있는 것이다.

마찬가지로 자식이라는 결과를 보면 부모의 자질을 알 수 있다. 그릇을 보면 그 사람의 성장 과정을 알 수 있다. 천지는 만물의 창조주이며, 동시에 만물의 모범이다. ❞

수박을 가리키며 이것이 감나무에서 나왔다고 말할 사람은 없을 것이다. 우리는 크기와 형태, 맛 등을 통해 그것의 정체를 가늠해볼 수 있다. 즉, 표면적인 현상에서 한 걸음 나아가 그 이면을 음미한다면 본질에 대해 유추할 수 있다.

자식을 보면 그 집안의 가정환경을 상상할 수 있는 것과 마찬가지다. 최근 아동 학대에 관련된 보도를 종종 접하게 되는데, 학대를 한 당사자들이 지금까지 어떤 교육을 받아왔는지를 추적해본다면 그 원인을 파악할 수 있다.

학대를 하는 부모는 대부분 어렸을 때 비슷한 방식으로 부모에게 학대를 당했거나, 애정이 없는 무관심 속에서 유년기를 보낸 경우가 많다. 어린 시절 인간으로서 지녀야 할 감성을 체득하지 못했기 때문에 부모가 되었을 때 자식들을 인간적으로 대하는 방법을 모른다. 장난감이나 인형처럼 자신의 소유물로 여길 뿐이다.

버릇없는 부모 밑에서 버릇없는 아이가 자란다. 인간은 파동을 발산하고 있기에 결국 자신과 비슷한 수준의 사람끼리 모이게 되어 있다.

부모를 사랑하는 사람은 남을 미워하지 않으며,
부모를 공경하는 사람은 남을 얕보지 않는다.

- 『불경』

음과 양은 늘 순환한다
멈추는 것도 성장의 일부이다

66 최고의 전성기는 오래 지속되지 않는다. 언젠가는 내리막길이 온다. 정상에 섰을 때, 그것은 곧 쇠퇴의 길목에 서 있음을 의미한다.

음과 양의 기운이 딱 들어맞는 순간, 그것은 곧 떨어질 때를 의미한다. 일단 떨어지기 시작하면 한없이 떨어지지만, 이는 조만간 다시 화합함을 의미한다. 음양의 균형이 무너지면 반드시 어느 한쪽으로 치우치게 된다. 그러다가 언젠가는 다시 반전한다. 양이 넘치다가도 어느새 음이 득세한다. 하늘 또한 마찬가지여서 날씨가 개다가도 어느새 비가 내리곤 한다. 이런 식으로 음양은 늘 순환한다. **99**

중국 사상의 근본은 직선적인 사상이 아닌 순환 사상에 있다. 또한 이 사상에는 천지의 움직임, 다시 말해 '우주의 법칙을 인간의 지혜로 조절할 수 있는가' 하는 문제 제기가 담겨 있다.

서양의 직선적 사상은 인간이 지혜를 통해 끊임없이 성장할 수 있다고 보고 과학 문명을 발전시켜왔는데, 그 와중에 자연과의 싸움이 일어났다. 산꼭대기에 오르면 그들은 '산을 정복했다'고 표현한다. 눈앞에 닥친 장애물을 차례차례 정복해나가는, 마치 게임을 하는 듯한 감각을 갖고 있다.

이에 반해 순환 사상은 어떤 문제라도 시간이 지나면 언젠가는 자연스레 해결된다고 본다. 인간은 그저 대자연의 품속에서 삶을 영위할 뿐이다. 성장과 쇠퇴는 자연의 리듬에 따라 이루어진다. 모든 것은 '하나'에서 비롯되었다고 보는 것이다.

주식값은 늘 올라가지 않는다. 한번 올라갔으면 다음엔 내려가기 마련이다. 산이 높으면 골짜기도 깊은 법. 크게 올라간 것은 언젠가는 크게 떨어진다. 직선적 사고와는 분명 차이가 있다.

'가득 차면 넘치고, 흥하면 망한다'는 이치를 받아들이는 게 바로 순환 사상이라 할 수 있다.

여곤은 이렇게 말한다.

"공자와 맹자, 안연(顏淵)이나 자사(子思)를 만나본 적이 없더라도 그들이 남긴 말에 공감한다면 실제 마주 보고 있는 것과 다름없다. 마음과 정신이 서로 교류한다면 천 년의 세월도, 만 리의 거리도 사라지기 때문이다. 조금만 지나면 피아의 구별마저도 사라질 것이다. 이런 차원에 이르면 만난다느니 헤어진다느니 혹은 친하다느니 소원하다느니 하는 감각조차 사라진다."

인연이라는 것은 매우 재미있어서 이쪽이 아무리 만나고 싶어도 연이 닿지 않으면 만날 수가 없는 법이다. 그런가 하면 자신이 부탁하지도 않았는데 인연이 생기기도 한다. 사람과의 만남을 운명으로 여기는 이도 있지만, 분명 인연은 인간의 예지로는 가늠할 수 없는 문제인 듯하다.

예전에 친구가 나를 찾아와서 하는 말이, 자신이 운영하는 회사의 규모가 커져 미국 연구소에서 우수한 인재를 끌어오려고 했는데 실패했다는 것이다. 필자는 "인연이 있으면 언제가 반드시 오게 되어 있다. 2년 뒤가 될지 3년 뒤가 될지 모르겠지만 인연이 있다면 올 것이고, 만약 오지 않으면 자네 회사에 올 사람이 아니라고 여기면 그만이다"라고 대답했다.

결국 그 인재는 3년 뒤에 친구의 회사에 들어와 현재 임원으로 열심히 일하고 있다. 3년 동안 실력을 쌓고 입사했으니, 결국 더 좋은 인연으로 맺어진 셈이다.

'언젠가 인연이 있으면 만날 수 있겠지'라는 자세를 가지면 마음이 편해진다.

시대의 변화를
빠르게 읽어라

·
·
·
·
·
·
·

세운편(世運篇)

나사가 풀린 조직은
붕괴하기 마련이다

❝ 말세가 되면 정신적인 차원이 낮은 사람, 신분이 낮은 사람들이 제멋대로 활개를 친다. 자식은 부모를 무시하고, 며느리는 시댁을 무시한다. 후배는 선배를 무시하고, 국민은 정부의 지시를 따르지 않으며, 일등병은 사령관의 명령을 듣지 않는다. 눈빛은 공허하고 객기가 있고, 본래 지켜야 할 도리를 거리낌 없이 어긴다. 도가 이 지경으로 허물어졌는데 나라가 어찌 망하지 않을 수 있겠는가. **❞**

질서가 흐트러진 조직은 끝장이라고 여곤은 말한다. 그가 살았던 시대는 과연 어떤 시대였을까.

"남자들은 화려한 옷을 걸치고 사치스러운 음식을 즐긴다. 경박한 화제를 일삼고 세월을 낭비하며 농공을 비천한 직업으로 여긴다. 여자들은 겉치장에 열을 올리고 향락을 추구할 뿐이며, 근면검약의 삶을 수치라고 여기는 듯하다. 공무원은 세금을 올려 돈을 긁어모으고, 예법을 무시하며 유행을 좇는다."

이것이 과연 500년 전의 모습인지 의심이 들 정도로, 여곤이 묘사한 당시 상황은 거품경제에 들뜨던 우리 사회의 모습과 너무나 흡사하다.

여곤은 이렇게 말한다.

"요즘 사람은 오만하고 자기밖에 모른다. 예기치 않은 행동을 하는가 하면 갑자기 혈색을 바꿔 남을 윽박지른다. 정부나 학교, 혹은 군대와 같은 조직에서 상급자가 조금이라도 질서를 유지하려고 하면 하급자의 저항에 부딪히고 비난을 받는다. 오늘날의 나라 꼴은 마치 폐허와도 같다. 조금만 손을 뻗으면 금방 무너져 내릴 것만 같다. 이미 붕괴하기 시작한 것은 되돌릴 수 없단 말인가."

당연한 일을 당연하게 처리할 수 없다. 시스템 자체가 붕괴되고 정치가들의 행태는 한심스러울 뿐이다. 이는 여곤이 살던 시대와 별반 다를 바 없는 사실이다. 지난 세월에 인간은 성장하지 못했고, 조직 또한 마찬가지다.

과거 일본에서 휴양지가 잇따라 문을 닫은 적이 있다. 원래 인재가 없던 곳에 하드웨어만 설치한들 오래갈 리가 없다. 전국적으로 도미노 현상이 일어날 조짐마저 보였다. 새로 재정된 휴양지법을 통해 만들어진 최초의 휴양지가 가장 먼저 문을 닫았다. 이에 따른 대책이 그야말로 가관이다. '고용된 인원은 해고하지 않는다', '시설의 운영 주체는 바꾸지 않는다'는 것으로도 모자라 '거래처와 납품 업자도 그대로 유지한다'고 밝혔다. 이러면 문을 닫기 전이나 닫고 나서나 아무런 차이가 없다.

아무도 책임 소재를 묻지 않는다. 모든 것을 시대의 탓으로 돌린다. 정부는 늘 "향후에 검토하겠다"는 한심한 말만 되풀이한다. 문 닫은 휴양지가 다시 살아나는 일은 없을 것이다. 그저 그곳에 관련된 사람 모두를 집어삼킨 채 서서히 침몰해갈 뿐이다.

윗사람의 몸가짐이 바르면

명령하지 않아도 아랫사람은 행하고,

그 몸가짐이 부정하면

비록 호령하더라도 아랫사람은 따르지 않는다.

- 공자

11
장

사람을 어떻게
움직일 것인가

················

성현편(聖賢篇)

성인은 명예와 이익을
좇지 않는다

> 66 훌륭한 인물은 입신을 위해 스스로 정한 헌법을 지키며 자기 관리를 한다. 이는 오래전부터 계속되어온 일이다. 만약 각 가정에 각자가 지켜야 할 헌법이 있다면, 만약 개인마다 자기 관리를 위한 헌법을 만든다면 이는 훌륭한 군자의 법도와 다르지 않다. 법도를 지키려는 자는 이미 성인이라 할 수 있다. 99

성인이란 어떤 사람을 말하는 것일까. 여곤은 이렇게 묘사했다.

"명예나 사리사욕에 집착하지 않으며 아침부터 밤까지 자신이 해야 할 일을 당연하게 하는 사람, 바로 이런 사람을 성인(聖人)이라 한다. 명예나 사리사욕을 위해 아침부터 밤까지 실행하는 사람, 이를 현인(賢人)이라 한다. 그러나 명예나 사리사욕을 추구하지 않고, 덕행을 쌓지 않으며 일도 제대로 하지 않는 사람들이 대다수이다. 반면 명예나 사리사욕에 집착하고 새나 짐승처럼 교활하게 행동하는 사람, 이를 도적(盜賊)이라 한다."

명예와 사리사욕에 관심이 없고 남이 뭐라고 하던 자신이 해야 할 일을 담담히 해나가는 사람이 곧 성인이다.

세상에는 사소한 것이라도 자신의 명예나 이익이 된다고 판단되면 과장해서 선전하는 사람이 적지 않다. 이른바 '자기 과시형 인간'이다. 이런 사람은 슬기롭게 자기 몫을 챙긴다. 그래서 현인이라 부른다.

대부분의 사람은 스스로를 과시하는 방법조차 모르고, 아무런 이상도 없이 그저 세월의 흐름에 몸을 맡긴다. 골치 아픈 것은 헛된 명예에 집착하고 기회가 있을 때마다 사기를 치려는 작자들이다. 이러한 사람은 그야말로 인간의 탈을 쓴 짐승이며, 한마디로 도적 이외의 아무것도 아니다.

여곤은 이런 언급을 하기도 한다.

"인간은 여러 가지 유형으로 나눌 수 있다. 지혜와 덕을 겸비한 군자 중의 군자, 덕을 많이 쌓았지만 재능이 조금 부족한 사람, 올바른 식견을 가지고 있지만 결단력이 부족한 사람, 세상의 유행에 휩쓸리며 그저 사리사욕을 채우는 사람, 마음이 궁핍하고 욕망이 이끌리는 대로 사는 사람, 온갖 나쁜 짓을 하면서도 명성을 얻는 사람, 행동이 올바른 듯하면서도 편협한 사람 등이 있다."

군자 중의 군자가 있는 반면, 소인 중의 소인도 있다. 언뜻 보기에 군자 같지만 실은 소인인 경우도 있고, 얼핏 보면 소인 같은데 군자인 경우도 있다. 사람은 겉모습으로 판단하기가 매우 힘들다.

누구나 사람을 잘못 판단한 경험이 있을 것이다. 하지만 사람을 제대로 판단하는 방법이 없는 건 아니다. 그 사람이 아랫사람과 대화할 때와 윗사람과 대화할 때는 어떻게 다른지, 어떻게 먹고 마시는지, 술이나 이성 앞에서는 어떻게 행동하는지 그 차이를 살펴보면 당사자의 수준을 금방 알 수 있다.

노력하는 데 있어서 이득을 바라지 마라.

- 도교

신뢰는
사소한 것이 쌓이면서 만들어진다

> 66 성인이라고 해서 산을 깎고 바다를 메우는 대사업을 하는 것은
> 아니다. 성인은 높은 곳은 높은 대로, 낮은 곳은 낮은 대로 놔둘 줄
> 아는 사람이다. 99

　성인이라고 해서 늘 큰일을 도모하며 국민을 통치하는 것은 아니
다. 높은 것이든 낮은 것이든 자연 본연의 모습으로 놔둘 줄 안다.
이러한 태도는 신뢰 관계가 바탕에 깔려 있기 때문에 가능하다.
　여곤은 말한다.
　"똑같은 말을 하더라도 자로(子路)가 말하면 신뢰하고, 도적이 말
하면 아무리 해도 믿지 않는다. 발언이 설득력을 가지려면 평상시
에 신뢰받는 행동을 해야 한다. 그렇지 않으면 입을 열었을 때 오
히려 화를 입기 십상이다."
　같은 말이라도 믿음이 가는 경우가 있고 그렇지 않은 경우가 있
다. 말 그 자체는 아무런 차이가 없다. 하지만 그것을 말하는 사람
이 어떤 인물이냐에 따라 그 말이 힘을 가지기도 하고 그렇지 못하
기도 한다.
　"성현의 학문은 오직 하나, 왕도를 행하고 덕을 쌓는 데 있다. 그
런데 후세의 학문은 스스로를 수양하는 것은 뒷전이고 오로지 남
을 통치하려고만 든다."
　청렴한 정치가가 한 말은 국민이 신뢰하고 따른다. 그러나 현실

에는 자신의 욕망을 통제하지도 못하고 제멋대로 행동하면서 국민을 조종하려고만 하는 이들이 있다. 이래서야 정치가 제대로 굴러갈 리가 없다.

솔선수범은 매우 중요하다. 리더가 하는 모습을 보고 부하들은 그대로 따라 하기 때문이다. 자신은 가만히 앉아서 이래라저래라 지시만 내리는 리더 밑에서는 아무도 열심히 뛰지 않는다. 성공은 자신의 몫으로 하고, 실패는 무조건 부하의 탓으로 돌리는 리더는 언급할 가치조차 없다. 형편없는 회사, 관공서, 학교는 하나같이 리더가 잘못해서 망치는 것이지 아랫사람들의 과오로 망치는 경우는 극히 드물다.

군자는 모든 책임의 소재를 자신에게서 구하나
소인은 남에게서 구한다.

- 공자

강요하지 않아도
스스로 따르게 하라

❝❝ 인간에게는 다섯 가지 성향이 있다. 이익을 보면 달려들고 미인을 보면 애정을 가진다. 음식을 보면 먹고 싶고 안락한 곳에 머물고 싶어 하며, 어리석고 약한 자를 보면 깔본다. 이러한 행위를 하는 이유는 자신에게 득이 되기 때문이다.

자신에게 득이 된다면 기술은 향상되게 마련이고 악행은 쌓이기 마련이다. 군자는 이러한 것들을 조절하기가 쉽지 않음을 안다. 따라서 덕으로 감화하고 가르침으로 인도한다. 예의로 구속하며 법률로 규제한다. 자신에게 득이 되는 일을 하지 않는 건 해가 되는 일을 금지하는 것만큼 힘들다. 따라서 성인이 펴는 정치는 물과 같다. 저절로 낮은 곳으로 흐르며 범람하지 않도록 조치한다. ❞❞

사람을 어떻게 움직이게 할 것인가. 이는 동서고금의 리더들이 고민해온 테마다. 이에 관한 수없이 많은 책들이 그동안 쏟아져 나왔고, 최근에는 다양한 리더십 이론까지 등장했다.

여곤은 이와 관련해 어떤 언급을 했을까.

"사람들을 움직이게 하기 위해서는 신(神), 덕(德), 혜(惠), 위(威)의 네 가지가 필요하다. 신이 있으면 말로 표현하지 않아도 자연스레 응해준다. 덕이 있으면 친밀감을 느끼며 따른다. 혜가 있으면 이로움을 알 것이고, 위가 있으면 법을 지키리라. 그 외의 방법으로 사람을 움직이는 것은 무리다."

훌륭한 인물은 난세일 때 더욱 효과적으로 사람을 움직이게 할 수 있다. 훌륭한 인물의 성품이 사람들의 마음속 깊숙이 스며들어 감화시키기 때문이다. 강요하지 않아도 어려운 시기가 되면 국민은 자연스레 도덕적 행위를 취하게 되는데, 바로 이런 결과를 거두는 것이야말로 성인의 인덕이다.

의욕이 생기도록 억지로 지도할 수는 없다. 상사가 할 수 있는 일이란 그저 의욕이 생기도록 자극을 주는 일뿐이다. 인센티브나 보너스와 같은 당근으로 이끌고, 때로는 승진 시험이라든가 상벌 제도 등을 통해 채찍을 휘두르기도 한다. 하지만 당근과 채찍은 일시적인 효과만 있을 뿐이고, 이 두 가지에 의존하는 경영은 한계가 있다.

상사는 부하를 자신의 손과 발이 아니라 그들 스스로 창의적으로 행동하는 주역이 되게 만들어줘야 한다. 상사가 단순한 조언자의 역할에 만족하는 태도를 중시하는 리더십 기법이 최근에 주목받고 있는데, 이를 '코칭'이라 한다. 지시 명령으로 일을 시키는 것이 아니라 부하 스스로 일의 의욕이 생기도록 유도하는 것이다.

상사와 부하의 관계는 주인과 종속자의 관계가 되기 쉽다. 이렇게 되면 '나는 리드하는 사람', '나는 리드당하는 사람'이라는 식의 대립 관계가 성립된다. 이러한 관계는 상사의 지위를 온전히 보존해줄지는 모르지만, 조직은 발전할 수 없다. 왜냐하면 부하보다 능력이 뛰어난 상사만 있는 조직에 밝은 미래는 없기 때문이다. 시간이 흐름에 따라 이런 조직은 쇠퇴하기 마련이다. 새로 들어온 사원들이 경험이 풍부한 베테랑들을 앞서가는 조직이라야 성장할 수 있다.

일본은 점수를 내는 스포츠에 서툴다. 럭비, 축구, 농구 등 이러한 경기의 공통점은 선수가 스스로 판단해서 경기를 진행해야 한다는 점이다. 야구처럼 감독이 일일이 지시하는 경기가 아니다. 게다가 순식간에 선수들의 판단이 이루어져야 한다.

한순간에 판단할 수 있는 인재를 키우기 위해서는 평소에 그런 훈련을 해야 한다. '선수는 스스로 판단하는 능력을 갖고 있다', '감독보다 더 현명한 판단을 내린다'라고 인식하기 위해서는 선수들 각자가 해답을 알고 있다는 확신을 가져야 한다.

이러한 코페르니쿠스적 전환이 힘들지도 모르지만, 사실 가장 정확한 정보를 가지고 있는 사람은 상사가 아니라 현장을 체험하는 부하이다. 가장 잘 알고 있는 사람에게 잘 모르는 사람이 조언을 하고 멋대로 지시를 내리는 건 있을 수 없는 일이다.

상사는 부하가 하는 말을 들어야 한다. 부하는 정답을 알고 있다. 부하가 정답을 말하도록 유도해야 한다. 바로 이것이 진짜 교육이다.

12
장

인재를 알아보는
안목을 키워라

. . . .

품조편(品藻篇)

무게가 있고 속이 깊은 사람은
큰일을 할 수 있다

> 무게와 깊이를 갖추는 것, 이는 최고의 인물이 될 수 있는 자질이다. 어려운 문제를 해결하고 천하의 위업을 달성할 수 있는 이가 바로 이런 인물이다. 그다음으로 훌륭한 자질은 현명함과 행동력이다. 이러한 자질이 없는 사람, 경박하고 자기 과시에 열을 올리는 사람에게 일을 시켜보면 아무런 대책 없이 어설프게 처리할 뿐이다.
>
> 성숙한 인간은 명성 따위를 추구하지 않는다. 중간 정도의 수준인 사람은 명성을 추구하며, 수준이 낮은 사람은 명성을 상상조차 하지 않는다. 또한 성숙한 인간은 도덕에 가치를 둔다. 중간 정도의 수준인 사람은 공명을 올리는 일에 가치를 두고, 수준 낮은 사람은 문학과 시, 미술을 즐기는 것에 가치를 둔다. 이보다 더 낮은 수준의 사람은 오로지 금전적인 것에만 가치를 둘 뿐이다.

여곤만큼 예리한 인물평을 하는 사람도 드물다. 그의 인물평은 이상론이 아니다. 혼탁한 시대 상황 속에서 탄생한 현실적인 인물평이다. '이런 한심한 사람들이 나라를 다스리니 나라 꼴이 이 모양이다'라는 탄식이 들릴 정도다.

그가 최고 인물의 자질로 평가하는 것은 바로 침착하고 깊이 있는 마음과 도덕성이다. 책의 첫머리에 언급했듯이, 여곤이 살던 시대에는 이런 인물을 찾기가 힘들었다. 명성과 돈만 좇는 이들을 신랄하게 비판하는 것을 보면 당시의 관료, 정치인 등의 지배 계급이 얼마나 부패했는지를 짐작할 수 있다.

"지배 계급에 속한 사람은 세 가지를 소홀히 한다. 바로 도를 행하고 나라를 걱정하는 일, 덕을 사랑하는 일, 위험 부담을 떠안는 일이다."

여곤 자신은 어떤 인물을 기용했을까. 인물 감정을 하는 적절한 방법에 대해 그는 다음과 같이 명시하고 있다.

"내가 관찰해본 결과, 인간에게는 다섯 가지의 품격이 있는 것 같다. 고상한 품격, 정직한 품격, 소박한 품격, 평범한 품격, 천한 품격이다. 고상한 품격을 지닌 이는 부화뇌동하지 않고 시비와 선악을 구분하는 지혜가 있다. 어느 한쪽으로 치우치지 않고 균형이 잡힌 사람은 여기저기 휩쓸리지 않는다. 장점이 있지만 단점 또한 많은 사람은 권선징악, 신상필벌(信賞必罰)로 다스려라. 단점도 없고 장점도 없는 이는 아무런 도움을 주지 못하며, 사악하고 거짓을 일삼는 이는 절대 기용해선 안 된다."

기업에 있어서 인재의 채용은 매우 중요하다. 그 결과가 즉시 실적에 반영되기 때문이다. 훌륭한 교육 훈련을 통해 단련시키는 것도 중요하겠지만, 그보다도 그 인재가 애당초 자질이 있느냐 없느냐를 판별하는 것이 더욱 중요하다.

중소기업이라면 한가롭게 교육시킬 여유조차 없으므로 당장 현장에 도움이 되는 사람이 필요하다. 따라서 조금이라도 자질이 있는 인재를 뽑기 위해 혈안이 될 수밖에 없다. 최근에는 인재의 유동이 심하므로 '이런 능력을 가진 사람을 원한다'라고 요구하면 원하는 사람을 발견할 수 있다. 하지만 유능한 인재는 아무 회사나 들어가지 않는다. 결국 경영자 자신에게 매력이 없다면 채용은 힘들다고 볼 수 있다.

기회를 얻고 싶으면
적극적으로 신호를 보내라

❝ 평가와 채용의 권한을 가진 사람은 대국적인 관점을 가져야 한다. 섣불리 사람을 평가하다가는 탁월한 인물을 그냥 지나칠 위험이 있다.

커다란 문제를 해결할 수 있는 자는 사소한 문제를 해결하지 못하고, 장기적인 계획을 잘 세우는 자는 잔재주를 부리지 못한다. 큰 위업을 달성할 수 있는 자는 눈앞에 놓인 일 처리에 애를 먹는다. 예의 바르고 견문이 넓은 자는 위급한 상황에서 도움이 되지 않는다. 기회를 잡느냐 못 잡느냐, 이는 상사의 애증에 달려 있다. ❞

"제가 한번 해보겠습니다!" 하고 과감히 자기 어필을 할 수 있는 사람은 흔치 않다. 그러면서 스스로 정당한 평가를 받지 못한다고 한탄한다. 제대로 평가받지 못하는 것은 상사 때문이라고 말하고 싶은 것이리라. 과연 정말로 그럴까.

상사가 일을 시키기 껄끄러운 부하라면 아무리 시간이 지나도 중용되지 않는다. 이런 부하에게 기회는 영원히 오지 않는다.

필자가 경영하는 회사에서도 중요한 안건에 대한 이야기를 할 때 마침 타이밍 좋게 내 쪽을 바라보는 사람이 있다. '나를 기용해 달라'는 메시지를 보내는 것이다. 그러면 아무래도 그 사람에게 말을 걸게 된다.

인간이라는 존재는 기회에 의해 크게 성장할 수 있다. 성장하고 싶다면 스스로 기회를 만들도록 노력해야 한다. 이것이 가장 **빠르**고 확실한 방법이다.

가만히 앉아 있는데 발탁되는 경우는 없다. 할리우드에서는 누구나 아는 스타라 하더라도 감독에게 오디션을 받으러 온다. 자신의 능력과 포부에 대해 적극적으로 어필하는 것이다. 이때 감독과 의기투합하면 채용되는 것이고, 맞지 않으면 다음을 기약해야 한다.

스스로 기회를 만들면서 자신의 개성을 넘어서는 일을 해보는 게 중요하다.

남이 나를 알아주지 않음을 걱정하지 말고
내가 남을 알지 못함을 탓하라.

- 공자

사심을 버리고
식견을 가져라

· · · · · · ·

치도편(治道篇)

사람을 정확히 파악하고
능숙하게 다루어라

❝ 어떤 인물이 재상이 될 수 있는지 묻기에 이렇게 대답했다. 사심이 없고 견식이 있는 인물이야말로 재상에 적합하다. 또한 사람을 제대로 평가하는 안목이 있고 인재를 잘 활용할 수 있는 사람이어야 한다. **❞**

재상이란 수상, 대신 등과 함께 국왕을 측근에서 모시는 이른바 최고 집행위원이다. 책의 첫머리에 언급했듯이 여곤은 재상이라는 자리에 대해서도 매서운 시선으로 바라보고 있다.

"1급 대신은 그릇이 크고 확고한 신념을 가지고 있다. 또한 시세를 내다볼 줄 알고, 위기관리 능력이 있다. 우리는 태양이나 공기, 물이 없으면 살아갈 수 없지만 평소에 그 은혜를 느끼지 못한다. 마찬가지로 1급 대신 또한 국민에게 많은 행복을 안겨주면서도 전혀 기색을 내비치지 않는다.

2급 대신은 일을 신속히 처리하고 의견도 당당히 제시한다. 자신의 집처럼 나라를 사랑하고, 자신의 몸처럼 시국을 걱정하는 진지한 자세를 가지고 있다. 3급 대신은 그저 시세에 따라, 이제까지의 관습에 따라 행동하며 특별히 득이 되지도 않고 해도 끼치지 않는다.

4급에 이르면 인기에 집착하고 보신주의에 빠져 국가의 안위 따위에는 관심이 없다. 5급 대신은 공명심과 권세욕이 강하고 이기적이며, 사람들과 다투고 국정에 해를 끼친다.

최악의 대신은 권세를 이용해서 나쁜 짓을 하고 착한 이를 모략하고 양민을 괴롭히며, 국가에 피해를 입히고 인망을 잃는다."

여곤이 살던 시대에는 가장 낮은 수준의 사람들이 정치판을 휘젓고 있었던 것 같다. 과연 이것이 500년 전의 모습인지 의심스러울 정도로 오늘날 우리 사회의 정치판과 흡사하다. 시대가 아무리 변하고 장소가 바뀌어도 망하는 조직은 망할 수밖에 없는 공통된 이유를 가지고 있다. 늘 한심한 정치인들에 의해 나라는 망해간다.

리더는 인물을 제대로 평가할 수 있는 안목을 갖고, 인재를 적재적소에 배치해야 한다.

"지위가 높아짐에 따라 귀가 닫히고 눈이 멀게 된다. 귀나 눈을 막도록 유도하는 사람이 많아지기 때문이다. 지위가 낮아짐에 따라 더욱 귀가 열리고 눈에 보이게 된다. 그만큼 실정을 잘 알 수 있기 때문이다.

그런 의미에서 군주의 지식은 재상에 못 미치고 재상의 그것은 감독관에 못 미친다. 감독관은 지방 장관만 못하고, 지방 장관의 지식은 국민만 못한 것이다. 반대로 지방 장관은 감독관의 눈과 귀를 멀게 하고, 감독관은 재상의 눈과 귀를, 재상은 군주의 그것을 멀게 한다. 지위가 낮은 사람이 접하는 현실을 지위가 높은 사람에게 제대로 전달할 방법은 없을까."

「벌거벗은 임금님」이란 우화가 있다. 임금님은 자신이 벌거벗고 있다는 사실을 깨닫지 못한다. 왜냐하면 주위 사람들이 화려한 옷을 걸치고 있다고 거짓 정보를 말해주기 때문이다.

정계, 경제계, 교육계를 막론하고 어느 세계에서든 서민의 입장에서 보면 도저히 말도 안 되는 정책이 공공연하게 만들어진다. '도대체 어떻게 이런 판단을 내릴 수 있을까' 하는 의문이 들지만, 이는 리더의 주위를 둘러싸고 있는 사람들이 제대로 된 정보를 제공하지 않기 때문이다.

윗자리로 올라갈수록 주위에 시중드는 사람이 많아진다. 이렇게 되면 중요한 정보든 사소한 정보든 주위 사람을 통해 간접적으로 들어오게 된다. 결국 실질적으로는 재상이 아니라 그 주위 사람이 권력을 쥐는 것이다.

기업의 경우도 비서가 성실하고 우수하면 경영자는 훌륭한 기업 경영을 할 수 있다. 그런데 비서가 독단적이고 권력 지향적인 사람이라면 조직은 큰 타격을 입는다.

비서를 어떻게 선택할 것인가. 이 문제에 대해서는 일류의 경영자라 불리던 인물들도 어려워했다. 비서는 오직 경영자 한 사람만 속이면 되기 때문이다.

필자가 아는 비서 중에는 자기 마음에 들지 않는 사람을 경영자에게 고자질해서 자회사로 몰아내는 이도 있었다. 마치 자신이 회사의 전권을 쥐고 있는 양 행세하는 것이다. 이 정도면 마키아벨리

버금가는 책사다. 이 비서는 주위 사람들의 원성을 샀지만, 경영자의 입김이 센 회사에서는 사장 한 사람의 의사로 모든 게 결정되기 마련이다.

그다음에 이 비서가 한 일은 엉뚱하게도 사원들 간의 단합을 도모하는 것이었다. 평소와 달리 도덕적인 말을 하곤 했는데, 자기와 같은 사람이 나오면 곤란하다고 판단했기 때문이다. 사람이란 이토록 간사해질 수 있는 존재다.

사람은 제각기 능한 것과 능하지 못한 것이 있다.

-『좌전』

신상필벌은 명확히 하라

❝ 윗자리에 있는 사람이 저질러서는 안 될 잘못은 공적이 없는 자에게 상을 주고, 죄를 범한 자를 놓아주는 일이다. 또한 공적이 있는데도 상을 주지 않고, 죄 없는 자에게 벌을 주는 일이다. 이보다 더 큰 잘못은 없다. 따라서 각자의 공과에 따라 적절히 평가하는 것이 중요하며, 스스로의 감정을 우선시해서 판단해서는 안 된다.

세간의 평가에 좌우되지 않고 시비에 따라 판단하는 것이 천하를 평온히 다스리는 방법이다. 나라의 재상이라면 이러한 사실을 명심해야 한다. ❞

공과에 따라 정확히 상벌을 내리는 일은 어렵다. 특히 오너 경영자인 경우 회사가 곧 자신이고 자신이 곧 회사라는 식으로 군림하기 때문에 뭐든지 자기 뜻대로 지시한다.

사장의 편파적인 인사 정책만큼 사원들의 의욕을 꺾는 일도 없다. 늘 평가받는 사람이 있는가 하면 아무리 노력해도 평가받지 못하는 사람이 있다. 밑에서 보면 분명 일을 잘하는 사람인데, 사장의 눈에는 들어오지 않는다. 한편으로는 부하의 공적마저 가로채며 자신의 역량을 과시하는 데 능숙한 사람도 있다. 이런 사람은 사장에게 좋은 평가를 받겠지만 아랫사람들은 짜증 날 뿐이다.

리더에게 사람을 평가하는 안목이 없고, 사원들의 노력이 정당한 평가를 받지 못하는 조직에서는 아무도 일에 열성을 보이지 않는다. 노력은 최소한으로 줄이고 윗사람의 눈치만 보며 아첨에만 열을 올리게 된다. 이런 조직이 오래갈 리 없다.

반대로 평소에 눈에 띄지 않더라도 열심히 노력하고 있는 사원을 발굴하여 높이 평가하면, '우리 회사의 사장은 사원들을 제대로 보고 있구나'라는 생각이 들어 성실히 일하는 사원들이 더욱 많아진다.

리더가 어디를 보고 있는지에 따라 그 회사의 분위기가 완전히 달라진다. 사원 교육에 쓸데없이 많은 비용을 들이기보다 리더가 솔선해서 모범을 보이는 것이 훨씬 효과적이다.

군자는 두루 통하면서도 편파적이 아니며,
소인은 편파적이면서도 통하지도 않는다.

- 공자

민의를 파악하는 것은 중요하지만
민중에 영합해서는 안 된다

66 윗자리를 차지하는 자는 그릇이 작거나 세속에 찌들어서는 안 된다. 그러다간 시정잡배들마저 비웃을 것이니 주의를 기울여야 할 것이다. **99**

덕망과 인기는 비슷한 듯하면서도 분명 다르다. 인기는 있는데 덕망이 없는 사람이 많다. 물론 덕망은 있는데 인기가 없는 사람 또한 적지 않으리라.

그렇다면 리더에게 인기와 덕망 중 어느 쪽이 중요할까. 두말할 필요도 없이 덕망이 더 중요하다.

인기가 있는 사람에게는 대중들이 모이지만, 이는 그 사람을 자신과 동급 혹은 자신보다 아래로 보기 때문이다. 덕망이 있는 사람은 모두가 우러러본다. 결코 함부로 대하지 못한다.

때문에 위기가 닥쳤을 때, 예컨대 국난에 빠졌을 때 국민들은 누구를 의존하는가 하면 바로 덕망이 있는 리더다.

오늘날 우리 사회의 정치인들은 압도적으로 인기 위주의 정책에 치중하고 있다. 투표권을 행사하는 시민들에게 잘 보이기 위해, 외교 문제는 물론 행여 표가 달아날지도 모르는 과세 문제 따위는 언급조차 하지 않는다. 사회에 도움이 되는 진지한 발언은 나오지 않는다.

정치를 위한 진정한 정책이 아니라 그저 정치인 자신의 인기를 유지하기 위한 정책을 낸다면 연예인과 다를 바가 없다. 최근에 연예계 출신의 정치인이 늘어나고 있는데, 이는 신기한 일이 아니다. 덕망이 아니라 인기가 승부를 결정짓는다는 점에서는 정계와 연예계가 다르지 않다.

뇌물 비리가 끊이지 않는 것도 특정 조직으로부터 인기를 얻기 위해 혈안이 되어 있기 때문이다. 이러한 문제에 대해 여곤은 다음과 같이 언급한다.

"공무를 집행하는 데 있어서 네 가지의 적이 있으니 바로 권력을 탐하고, 이득을 취하며, 잔머리를 굴리고, 사실을 왜곡하는 일이다."

인기를 유지하려다 보면 아무래도 정도에서 벗어나게 된다. 처음에는 높은 이상을 가지고 정치에 입문했지만, 어느새 초심을 잃고 금배지를 훈장처럼 달고 다니는 정치인에게 덕망을 기대할 수는 없다. 덕망이 없는 정치인뿐이니 아예 정치에 무관심한 국민들도 점차 늘어난다.

인기에는 유효 기간이 있지만 덕망은 그 인물이 지니고 있을 때까지 계속된다는 사실을 잊지 말아야 한다.

남 위에 서는 자는 겸허해야 한다.

- 노자

새로운 일을 벌이지 말고
쓸데없는 일을 줄여라

> 성급하게 이득을 취하려는 것은 금물이다. 좌우를 잘 살펴야 한다. 폐해를 고치는 일도 무조건 빨리한다고 좋은 게 아니다. 오랫동안 심사숙고해서 음미하는 게 중요하다.
>
> 국민을 편안하게 하기 위해서는 불필요한 개입을 하지 말고, 베풀기보다는 빼앗지 말고, 이익을 나누기보다는 피해를 끼치지 않는 것을 먼저 생각하라. 바로 이러한 것들이 바람직한 정치의 방법이다.

여곤과 동시대를 산 사람 중에 홍자성(洪自誠)이란 인물이 있다. 그가 남긴 『채근담(菜根譚)』이라는 저서에는 "한 가지 일을 벌이는 것은 곧 한 가지 해를 입는 것과 같다"고 적혀 있다. 또한 『원사(元史)』에도 "한 가지 일을 벌일 바에야 한 가지 피해를 줄여라"라고 적혀 있다.

불황이 닥치면 모두가 괜찮은 사업거리를 찾아 혈안이 된다. 그러다가 익숙하지 않은 비즈니스에 손을 대서 값비싼 대가를 치르는 경우가 있다. 아무리 시간이 흘러도 수익은 생기지 않고 비용만 나가는 것이다.

사업이란 엄청난 열정을 가지고 하지 않는 이상, 성급하게 덤비다간 실패하기 십상이다. 물론 배수의 진을 치고 죽기 살기로 덤벼들어 성공한 경우도 있겠지만, 졸속으로 추진하고 경우의 수를 따지지 않아 대부분 쓴맛을 보게 된다.

신규 사업이라는 것은 돈이 벌리고 있을 때 추진해야지, 본업이 기울어가고 있는데 성급하게 추진하려고 하면 쉽게 풀리지 않는다.

차라리 여곤의 제안처럼 새롭게 일을 벌이는 것보다 쓸데없는 일을 줄이면 어떨까. 이때 폐해를 덜어내려고 여기저기 칼을 들이대면 나쁜 면뿐 아니라 좋은 면마저 사라질 위험이 있으니 주의해야 한다.

장점과 단점은 동전의 양면과 같다. 성미가 급하지만 결단력이 빠를 수도 있고, 느긋한 성격이지만 매사에 신중할 수도 있다. 부정적인 측면 속에도 긍정적인 측면이 있을 수 있다. 때문에 너무 성급히 개혁하려고 해서는 안 된다. 그 개혁을 통해 유발되는 긍정적인 측면과 부정적인 측면을 면밀히 따져봐야 한다.

많은 일을 벌이지 마라.
일이 많으면 근심도 많다.

- 공자

전원 일치면 추진하지 마라
열에 아홉이 반대하는 일을 하라

❝ 공론이란 만장일치를 말하는 게 아니다. 전원이 일치하지 않으면 안 된다는 사안이 있더라도 스스로 다른 결론을 내렸다면 정론은 자기 쪽에 있는 것이다. **❞**

"전원 일치에 의해 이 안건은 부결되었습니다."

링컨이 한 말이다. 대통령 본인이 부결이라고 결정지었기 때문에 이 안건은 부결이라는 것이다.

마쓰시타 고노스케는 "여론은 옳으니 그 의견에 따르라"고 말했는데, 물론 경제와 경영 분야에서는 이 말이 맞다. 하지만 정치처럼 이해관계가 복잡하고 압력 단체가 많은 분야에서는 국가의 장래를 꿰뚫어 보는 리더의 단호한 결단만큼 중요한 게 없다.

대중은 어디까지나 대중이다. 가지고 있는 정보가 치우쳐 있을 수 있고 단기적, 근시안적인 안목을 가지고 있는 경우가 많다. 게다가 부화뇌동하기 쉬운 사람들이기에 성인의 영역에 다다른 큰 인물의 결단이 필요하다.

기업에서도 임원 회의를 할 때 튀는 기획안은 여기저기서 수정을 당한다. 모두가 납득할 수 있는 수준에 이르렀을 때는 최초의 참신했던 기획은 편린마저 사라지고 없다. 솔직한 말로 모든 임원이 이해할 수 있는 기획은 진부할 수밖에 없다.

필자도 이제까지 다양한 기획을 제안해봤지만 임원들이 찬성하면 '이 기획은 관두자'라고 체념했던 경우가 여러 번 있다. 반대로 임원들이 잘 이해하지 못하는 기획은 '지금이 바로 기회다!'라는 생각에 열심히 분투했던 기억이 있다.

토론을 거듭해서 만장일치의 결론에 도달하는 게 과연 바람직한 일인가. 어떤 의미에서는 만장일치 자체가 이상하고, 무책임한 일이다. "모두의 책임은 누구의 책임도 아니다"라는 말이 있듯이, 만장일치를 높은 가치로 여기는 경영 형태는 앞으로의 시대에 살아남지 못할 것이다.

오히려 열에 아홉이 반대하는 기획안은 경쟁 업체들도 미처 생각하지 못한 아이디어일 수 있으니, 절호의 기회가 될지도 모른다.

옳은 일을 보고도 나서서 행동하지 않는 것은

용기가 없기 때문이다.

- 공자

명백한 잘못은
과감하게 문책하라

66 성인이 처벌을 내리는 것은 처벌 자체를 없애는 데 그 목적이 있다. 때문에 적은 수를 처벌함으로써 많은 사람을 살릴 수 있다. 반면 후세에 이르러서는 처벌에 주저하게 되었다. 그 결과 오히려 처벌하는 건수는 점점 늘어나고 있다.

몇 안 되는 사람의 처벌을 주저함으로써 결과적으로 수많은 흉악 범죄가 일어나게 되었다. 처벌해야 할 사람을 살림으로써 결국 더 많은 사람들이 처형된 것이다. 후세의 많은 사람들이 사형에 처하게 된 데에는 윗사람의 쓸데없는 배려 탓이 크다. 이래서야 어찌 나라를 올바로 다스리겠는가. **99**

소년법 개정 문제, 교통 범죄의 중형 규정 개정 문제 등을 보면 딱 들어맞는 지적이다. 소년 범죄라는 틀에 해당될 수 없을 만큼 흉악한 범죄에 대한 처벌도 전쟁 직후에 만들어진 낡아빠진 법률에 얽매여 있다. 어린 소년들은 아무리 중대한 범죄를 저질러도 가벼운 처벌을 받을 뿐이다. 때로는 처벌 그 자체를 면할 수도 있다는 사실을 소년들은 알고 있다. 덕분에 소년 범죄는 해마다 증가할 뿐 아니라 갈수록 그 양상이 끔찍해지고 있다.

"엄벌에 처한다고 해서 범죄가 사라지지는 않는다"라고 하는 의견도 있지만, 적어도 엄벌에 처함으로써 제동을 걸 수는 있다.

"대선(大善)은 비정(非情)과 같다"라는 말이 있다. 언뜻 보기에 매서운 처벌 같아도 결국 선을 추구하고, 당사자와 사회 전체를 고려한 판단이라는 뜻이다. 이는 값싼 휴머니즘이나 무책임한 과보호가 아니라 엄격한 사랑에서 비롯된 것이다.

기업에서도 눈물을 머금고 과감히 문책하는 경우가 종종 있다. 아무리 우수한 인재라도, 경영자의 친척이라도 배임 혐의나 횡령, 혹은 성추행을 저질렀을 때는 면직을 면하지 못한다.

그런데 가족적인 분위기가 강한 조직일수록 원인을 규명하기보다는 그저 뚜껑을 닫는 데 급급하다. 수년 전 경찰과 외무성의 스캔들이 연일 보도됐을 때, 원인을 철저히 규명하지 않고 적당한 선에서 수사를 마무리했다. 오늘날과 같은 정보 사회에서는 모든 게 투명하게 드러나게 되어 있는데, 이 사실을 망각한 채 편협한 시야를 가진 이들이 멋대로 판단을 내린 것이다. 이래서야 아무리 시간이 흘러도 국민의 불신은 사라지지 않는다.

고통을 감수하며 환부를 도려낸다면 국민의 신뢰감은 회복될 것이다. 조금 더 국민을 믿어야 하는 시대에 와 있는 게 아닌가 하는 생각이 든다.

처단해야 할 때 주저하거나 처단하지 않으면

후일에 오히려 재해를 불러오게 된다.

- 『사기』

타인에게 신뢰받는
사람이 되라

인정편(人情篇)

속이 빈 사람은
말에 책임을 지지 않는다

66 속이 비었는데 말로 치장했을 때, 그 말에 친근감을 느낄 수 없다. 성의가 없는데 겉으로만 꾸며냈을 때, 그 행동에 믿음이 가지 않는다. 그러니 모든 사람들이 진실을 중요히 여기는 것이다. 진실을 있는 그대로 말이나 표정으로 드러냈을 때 비로소 신뢰를 받을 수 있다. **99**

속은 비었는데도 불구하고 말을 그럴듯하게 늘어놓는 사람이 있다. 자신이 하는 말에 큰 가치를 지녀야 하는 직업을 가진 사람조차도 입에서 나오는 그것은 닭의 깃털보다 가볍다. 바로 정치인과 언론인이 여기에 해당한다.

관료들은 말꼬투리를 잡히지 않기 위해 일부러 어렵고 이해하기 힘든 단어를 늘어놓으니, 사람들은 아예 그들의 말을 믿지 않는다. 말의 프로라고 할 만한 정치인의 공약을 진정으로 믿는 사람이 오늘날 과연 몇이나 될까.

애당초 믿지 않기 때문에 그 공약이 실천되지 않아도 아무렇지 않다. 처음부터 기대 따위는 하지 않는다. 투표율이 그토록 낮은 이유는 이런 사람이 과반수가 넘기 때문이다.

"공약은 달성해야 할 목표이기 때문에 이루면 좋겠지만, 개중에는 달성하지 못하는 것도 있다. '잘되면 다행'이라는 생각으로 들어주기 바란다."

이렇게 정직하게 말하면 되는데, '이것도 하겠다, 저것도 하겠다'는 둥 선거철만 되면 정치인들은 하나같이 슈퍼맨이 된다.

금융 기관의 경영진들은 "불량 채권의 처리에 전력을 다하겠다"라고 말은 하지만 샐러리맨의 근성으로 어물쩍 버틴다. 이 업계에서 진정한 리더십이 발휘되는 장면은 좀처럼 보기 힘들다. 그저 몇몇 극소수만이 사회와의 공약을 실천할 뿐이다. 그러니 신뢰를 받지 못한다.

정치인들이 기자 회견에 나와 내비치는 결의는 하나같이 공허하게 들린다. 왜 그런가. 당사자들이 그 순간만 모면하면 된다고 생각하기 때문이다.

사람들이 말을 쉽게 하는 것은
책임지지 않는다는 의미일 뿐이다.

- 맹자

타인의 재능을 칭찬할 수 있는 사람은 격이 높다

66 자신은 재능이 없으면서 타인의 재능마저 평가하지 않는다. 심지어 타인의 재능을 공격하기도 한다. 악당임에도 불구하고 타인의 선행을 못마땅해 한다. 또 그들을 험담한다. 궁핍한 생활을 하면서 타인의 부귀를 욕한다. 심지어 이를 뒤집어엎으려고 한다. 이 세 가지 질투는 큰 죄악이다. **99**

재능이 없으면 능력을 닦으면 된다. 자기 자신을 연마하지 않으면서 타인의 재능을 질투하고 심지어 공격까지 한다 해서 그것이 자신의 실력으로 이어지지는 않는다. 알면서도 그만두지 못하는 것이리라.

여곤은 이렇게 말한다.

"좋은 평가는 혼자 차지하고 나쁜 평가는 다른 이에게 떠넘기고 싶은 게 사람 심정이다. 그러나 이러한 행위는 결국 나쁜 평가를 자신에게 끌어들일 뿐이다. 선행은 타인에게 넘기고 실패는 자신이 떠맡는 게 낫다."

"대중은 타인의 실패를 들으면 즐거워하고, 그것을 화제로 삼는다. 그런데 자신의 실패를 지적당하면 변명하거나 상대방을 미워한다. 칭찬을 받으면 우쭐해하고 과장한다. 다른 사람의 선행을 누가 칭찬하면 모른 척하거나 흠집을 내려 한다. 한번 생각해보라. 과연 이런 행동이 훌륭한 인물이 할 행동인가, 아니면 하찮은 인간이 할 행동인가."

공은 혼자서 독차지하고 책임은 모두 다른 사람에게 떠넘긴다. 이처럼 요령만 피우는 사람은 어딜 가나 있지만, 주위에 인심이 좋은 사람만 있는 조직이라면 의외로 이런 사람이 출세 가도를 달리기도 한다.

다른 사람을 험담한다는 것은 결국 그 사람의 실력을 가장 인정하고 있다는 뜻이다. 질투라는 것은 인정하기 때문에 생기는 것이다. '나는 언제라도 그 위치에 오를 수 있다'라고 생각하면 질투는 나지 않는다. 오히려 칭찬하지 않을까.

질투한다는 것은 결국 질투하는 쪽에 실력이 없다는 증거다. 게다가 상대방의 실력을 마음 깊은 곳에서는 인정하고 있다.

반대로 상대방을 순순히 칭찬할 수 있는 사람은 스스로가 충분한 실력을 갖추고 있다. 그렇기 때문에 태연하게 상대방을 추어올릴 수 있다. 인간이란 참으로 재미있는 존재다.

그릇이 작은 사람일수록 성공하면 제 자랑으로 삼고,
실패하면 남의 탓으로 돌리는 경향이 많다.

- 『채근담』

행복하지 않다고 여기는 순간 불행은 찾아온다

“ 진정한 행복이란 바로 불행이 없는 상태를 말한다. 가장 큰 불행은 바로 행복을 손에 넣으려고 버둥거리는 데 있다. ”

불행이 없다면 과연 행복이 존재할 수 있을까. '행복은 어디에 있을까' 하고 찾기 시작하는 순간이 불행의 시작이다. 마치 마테를링크의 동화 「파랑새」처럼 말이다.

행복이라는 단어는 '행(幸)'과 '복(福)'으로 이루어져 있다. 이 두 단어는 의미가 다르다. '행'이란 정신적인 충족감을 말하며, '복'은 물질적인 충족감을 말한다. 따라서 불행이라는 말은 정신적으로 충족되지 못한 상태를 의미한다. 또한 '복신'이라고 하면 돈이나 부동산처럼 실재적인 재물을 제공해주는 신을 말한다. 함께 있으면 마음이 포근해지는 이를 복신이라 부르지는 않는다.

여곤이 말하고자 하는 바는 바로 '만족할 줄 알라'는 것이다. 새삼스레 행복 따위를 추구할 필요는 없다. 불행하지 않은 것만으로 이미 행복한 상태이기 때문이다.

컵에 반 정도 물이 들어 있다고 치자. 한 사람은 반밖에 남지 않았다고 생각한다. 또 한 사람은 아직 반이나 남았다고 생각한다. 어느 쪽이든 '물질적인 충족' 상태는 똑같다. 그러나 '아직 반이나 남았다'고 여기는 쪽이 보다 '정신적인 충족감'을 느낄 것이다. 이처럼 객관적인 상황은 같아도 주관적인 판단은 전혀 달라질 수 있다.

재미있게도 운명의 신은 '아직 반이나 남았다'고 여기는 사람을 좋아한다. 때문에 이 세상에서 성공하는 사람은 대체로 '아직 반이나 남았다'고 생각할 줄 아는 사람이다.

'행복해지고 싶다'고 여기는 것은 자신이 행복하지 않다고 여긴다는 증거다. 이는 곧 정신적으로 충족되지 못했음을 의미한다. 스스로 행복하다고 여기지 않는 이상 다른 사람이 아무리 "행복해 보인다"고 말해도 소용이 없다.

마음이 허전하면 그것을 메우기 위해 사람들은 버둥거린다. 그런데 바로 이러한 절박함, 여유가 없는 마음 상태가 불행을 초래하는 원인이 된다.

늘 행복하고 지혜로운 사람이 되려면

자주 변해야 한다.

- 공자

모든 일에는
정도가 있다

물리편(物理篇)

세상만사는
하나의 근원에서 비롯된다

> **66** 봄,여름, 가을, 겨울 사계절이 있지만 하늘이 네 개로 갈라진 건
> 아니다. 동서남북 네 방향이 있으나 이것 역시 네 개의 지역으로
> 나뉜 건 아니다. 한(寒), 열(熱), 온(溫), 량(涼)의 네 가지 체감 온도
> 가 있지만 기온이 네 개로 분명하게 구분되는 건 아니며, 희로애락
> 의 네 가지 감정이 있으나 이 또한 사람이 네 가지 얼굴로 따로 구
> 분되는 건 아니다. **99**

 이 역시 여곤의 철학이 잘 표현되어 있는 문장이다. 동서남북으
로 구분된 지역이 이 지구상에 존재하지는 않는다. 우주에는 동서
남북이 없을뿐더러 상하좌우도 없다. 우주에서 애당초 구분할 수
있는 것이란 없다.
 춘하추동 또한 마찬가지다. 지구가 태양의 주위를 돌면서 계절이
변하는 것뿐이다. 더위와 추위를 느끼는 것 역시 똑같다. 같은 섭씨
25도라도 한여름에는 시원하게 느껴지고, 겨울에는 따뜻하게 느껴
진다.
 희로애락은 한 인간이 시시각각 변화된 감정을 드러내는 모습에
불과하다. 그렇다면 늘 자신의 진정한 모습을 드러내는 일도 가능
하리라.
 이러한 모든 변화는 이 우주가 창조한 것이지만, 그것들을 일일
이 구별하는 것은 인간의 지혜다.

여곤은 다음과 같이 언급한다.

"강에는 많은 물줄기가 생기지만 원류는 하나다. 나무에는 많은 잎이 있지만 하나의 가지에서 비롯된다. 사람은 갖가지 감정을 표현하지만 하나의 마음에서 비롯된다. 몸은 여러 가지 병에 걸리지만 하나의 장기에 그 원인이 있다. 세상 사람은 이런저런 일에 현혹되지만 현자는 하나의 근원을 찾아낸다. 병도 하나를 치료하면 모든 증상이 씻은 듯 사라지듯이, 정치 또한 하나를 해결하면 모든 문제가 없어진다."

이것 또한 흥미로운 의견이고, 오늘날의 비즈니스에 있어서도 충분히 참고할 만한 지적이다. 많은 과제를 안고 있는 기업을 다시 일으켜 세울 때, 간단한 문제부터 해결하려다 보면 중대한 문제는 나중으로 미루게 된다. 중대한 문제는 아무도 선뜻 나서서 해결하려고 하지 않는다. 그렇기 때문에 중대한 문제를 해결하려는 자세 자체가 기업 재건의 강력한 의사 표현이다.

작은 문제들은 으레 중대한 문제에서 나오므로, 중대한 문제를 해결하다 보면 자연스레 해결되는 법이다. 따라서 이것과 저것은 별개라는 식으로 구별해서 생각할 필요가 없다. 저것을 고치면 이것도 자연스레 개선된다. 모든 것은 상호 연관되어 있다는 사실을 명확히 인식할 필요가 있다.

끝을 조절하기를 처음과 같이하면
실패하는 일이 전혀 없다.

- 노자

일하지 않는 자는 먹지 마라

> **66** 공이 없는데 그저 먹기만 하는 것은 짐승과도 같다. 남에게 피해만 끼치고 먹기만 하는 사람은 야수와 같다. 이를 분명히 명심하라. **99**

여곤이 살던 시대나 오늘날이나 직위의 높고 낮음을 불문하고 요령을 피워 승진하고 국민의 혈세를 낭비하는 관료가 존재하는 건 다를 바가 없는 듯하다.

필자가 아는 사람 중에 일본을 대표하는 헤드헌터가 있는데, 그가 말하기를 현재 자신이 다니는 회사보다 많은 연봉을 받을 수 있는 인재는 200명 중에 한 명이라고 한다. 현상 유지를 할 수 있는 인재가 10퍼센트 정도이고 나머지는 감봉이라고 한다. 게다가 그들 중 대부분은 연봉이 30퍼센트에서 50퍼센트나 깎인단다.

그렇다면 관료들의 세계는 어떨까. 역시 쓸 만한 인재는 200명 중에 한 명꼴이다. 나머지는 그저 국민의 세금만 축내고 있을 뿐 전혀 기여하는 바가 없다.

비즈니스 현장에서 단련된 인재조차도 실제로는 이토록 까다로운 평가를 받고 있다. 그런데도 최첨단의 정보 수단이나 최신 경영 기업에 대해 아는 바가 없고, 무사안일주의에 빠진 공무원들은 자신이 행사할 수 있는 규제를 이용할 생각만 하고 있다.

불황으로 인해 공공사업 분야의 배분과 방법의 변화를 모색해야 하는 이때, 아무 생각 없이 자기 밥그릇만 챙기려는 관료들에게는 앞으로가 더욱 험난한 시대가 될 것이다.

어디를 가든지 마음을 다해 가라.

- 공자

시도하지 않고서는
아무것도 이룰 수 없다

> **❝** 못을 칠 때는 혹시 빠지지 않을까 걱정하고, 뺄 때는 안 빠지는 것을 걱정한다. 문을 잠글 때는 쉽게 열리지 않을까 걱정하고, 문을 열 때는 과연 잘 열릴지 걱정한다. **❞**

무언가를 시도하기도 전에 미리 걱정부터 하는 사람들이 있다. 못을 칠 때는 빠질 것을 걱정하고, 반대로 못을 뺄 때는 안 빠질 것을 걱정한다. 이렇게 늘 걱정만 하고 살다가는 건강마저 해치게 된다.

본인만 손해 보면 다행이지만 이런 타입의 사람은 주위 사람마저 우울하게 만든다. 부정적인 발상은 금방 조직에 침투하여 승부를 내기도 전에 패배 의식에 젖게 만든다.

어느 바둑 기사가 매우 중요한 경기에서 패배한 이래 연패의 늪에 빠지게 되었다. 이때 정신이 번쩍 들게 한 것은 어린 딸의 한마디였다고 한다.

"좋아해서 바둑을 시작하셨는데, 요즘은 한숨만 짓네요."

그토록 좋아했던 바둑인데 정작 즐기지는 못했다. 승패에만 집착해 자기 스타일의 바둑을 두지 못하고 늘 보기 좋게 당했던 것이다. '이기든 지든 나만의 바둑을 두자. 무엇보다 초심으로 돌아가자.' 이렇게 생각하자 그때부터 연승 가도를 달리기 시작했고, 결국 대회에서 우승하기에 이르렀다.

그는 "이기기도 전에 이겼다고 여기니 방심하게 되고 빈틈이 생긴다. 지지도 않았는데 졌다고 생각하니 승부를 포기하게 되더라"
라고 털어놨다. 이기고 나서 기뻐하고, 지고 나서 패배를 인정하는
마음가짐을 가지니 이전보다 훨씬 강해졌다는 것이다.

결단을 내리면 즉시 실천하라.

김은 새어 나가기 마련이다.

- 『손자병법』

16
장

사람마다
각자의 자리가 있다

.
.
.
.
.
.

광유편(廣喩篇)

모든 것에는 나름의 쓰임이 있는 법이다

> 66 선물 받은 나무를 보고 집사가 들보로 사용하는 게 어떻겠냐고 물었다. 나는 들보로 사용하기에는 작다고 답했다. 이번에는 마룻대로 사용하면 어떻겠냐고 묻기에, 마룻대로 하기에는 크다고 답했다. 그러자 그는 웃으며 '하나의 나무를 가지고 크다느니 작다느니 하니 도대체 어떻게 하면 되는가' 하고 물었다.
>
> 나무뿐만 아니다. 어떠한 물건이든 적합한 사용법이 있고, 어떤 말이든 장소에 어울리는 말이 있다. 어떤 경우라도 적합한 상태, 적절한 양이라는 것이 있기 마련이다. 99

여곤의 진면목이 유감없이 발휘되는 대목이다. 세상에는 하나를 가르치면 열을 아는 사람이 있고, 열을 가르쳐도 하나밖에 모르는 사람이 있다. 인재라고 불리는 이는 바로 하나를 가르쳐주면 열을 아는 사람이다.

이러한 인재가 되기 위해서 어떻게 해야 할까. 바로 상상력을 발휘하여 자신에게 맞게 변형시키면 된다.

나무를 선물로 받았는데 들보로 사용하기에는 작고 마룻대로 사용하기에는 크다. 바로 이때 상상력을 발휘해보는 것이다.

어떤 것이든 가장 적합한 활용법이 있기 마련이다. 그것을 발견하는 습관을 지녀야 한다. 여곤이 지적한 대로 똑같은 대상이라도 어떻게 활용하느냐에 따라 그 가치는 분명 달라진다.

사람의 각기 다른 매력을 살리는 것이
리더의 역할이다

66 말(馬)은 무거운 짐을 나를 수 있지만, 개미는 쌀 한 톨을 나를 수 있을 뿐이다. 그러나 말이든 개미든 최선을 다하기는 마찬가지다. 코끼리는 많은 물을 마시지만, 쥐는 겨우 한 모금을 마실 수 있을 뿐이다. 그러나 코끼리든 쥐든 배가 부르기는 마찬가지다.

훌륭한 리더가 사람을 기용할 때는 똑같은 실적을 기대하지 않는다. 다만 각자 자신의 장점을 최대한 발휘할 수 있도록 배려할 뿐이다. **99**

열이면 열, 각자 개성이 다르다. 사람은 누구나 나름의 색깔을 지니고 있는 법이다. 외향적인 사람이 있는가 하면 내향적인 사람이 있다. 사람을 기용할 때 그 사람의 개성을 무시한 채 억지로 일을 시켜봤자 별 효과를 보지 못한다.

만약 자신의 능력을 십분 발휘할 수 있는 일을 맡는다면 순조롭게 힘들이지 않고 처리할 수 있다. 자신이 좋아하는 일을 하고 있기 때문에 집중하게 되고 자연스레 실적도 올라간다. 각자의 능력을 살리는 일은 그만큼 중요하다.

자기 나름의 색깔이라는 것은 바꿔 말하면 '적성'이다. 훌륭한 리더는 바로 이 적성을 꿰뚫어 보고 인재를 기용한다.

여곤은 이렇게 말한다.

"꾸준하고 성실한 사람, 틀이 정해진 일을 추진하는 데 충실한 사람은 평온한 시대에 훌륭한 업적을 달성할 수 있다. 반대로 난세나 위기 상황에 닥쳤을 때는 기존의 틀을 깨는 발상을 할 수 있는 사람을 기용하라. 야생마와 같은 사람이라 할지라도 다스릴 줄만 안다면 훌륭한 역할을 수행할 수 있으리라.”

평상시에 활약하는 사람이 있는가 하면 유사시에 활약하는 사람이 있다. 어느 쪽의 경우이든 중요한 것은 리더가 어떻게 기용하느냐에 달려 있다.

여곤은 인물 감정에 대해 다음과 같이 언급한다.

“발언을 검토하고 안색을 관찰하라. 덕을 확인하고 힘을 계산하라. 이는 일을 원활히 수행하고 인간관계를 구축하는 데 빠질 수 없는 조건이다.”

“군자는 소박하기만 한 사람을 평가하지 않는다. 남을 속이는 일은 바람직하지 않지만, 밀고 당기는 승부수는 어느 정도 알고 있어야 한다.”

“지혜로운 자는 한 가지의 맛을 지니고 있지만, 성인은 다섯 가지의 맛을 지닌다. 하나의 맛만 지닌 사람은 한 가지 일에 집착하고 시각 또한 한쪽으로만 기울어져 있다. 하지만 이런 사람도 어떻게 기용하느냐에 따라 다르다. 요는 각자의 재능에 맞게 기용하면 된다.”

“소인이라도 장점은 있다. 소인이라고 해서 외면한다면 그의 행동 모두를 상처 입히게 된다. 군자라 할지라도 결점은 있다. 그런데 군자라고 해서 무조건 좋아한다면 그 잘못마저도 눈감아주게 된다. 어느 쪽이든 한쪽으로 치우친 견해가 아닐 수 없다."

가난한 사람은
가난해지기 위해 매일 노력한다

66 부잣집 자식은 하루아침에 가난해지지 않는다. 매일매일 조금씩 가난해지는 것이다. 어느 날 아침에 눈을 뜨니 가난한 상태에 있다고 해서, 지나온 과거는 생각하지 않고 그날 아침을 탓하는 것은 어리석은 짓이다. 훌륭한 인물은 작은 득실이라도 중요히 여기고, 행동을 신중히 하며 사소한 결점도 허용하지 않는다. 99

가난한 사람은 어느 날 갑자기 길거리로 내몰리지 않는다. 가난한 상태로 한 발자국씩 다가갈 뿐이다. 아무리 견고한 장벽이라 할지라도 조금씩 무너진다면 언젠가는 사라진다. 가난이란 결국 하루하루의 행동이 축적된 결과이다.

그런 의미에서 가난한 사람은 매일 가난해지기 위해 열심히 노력하고 있다고도 볼 수 있다. 반대로 부자는 하루아침에 복권에 당첨돼서 부자가 된 게 아니다. 매일 조금씩 돈이 불어난 것이다.

따라서 무엇보다 습관이 중요하다. '습관이 인격을 만든다' 라는 미국 속담이 있지만, 습관이란 대체로 스스로 깨닫지 못하는 경우가 많다.

가난한 사람은 버는 돈보다 많이 쓰는 게 습관처럼 되어 있다. 한편 부자는 쓰는 돈보다 많이 버는 게 습관화되어 있는 것이다.

매우 단순한 사실이지만 이것 외에 다른 특별한 방도가 있는 게 아니다. 그저 당연한 일을 당연하게, 평소에 하던 대로 생활하며 살아갈 뿐이다.

여곤은 다음과 같이 말한다.

"절약하면 수수해질 수 있다. 수수한 생활을 하면 모든 선이 다가온다. 사치에 익숙하다 보면 생활도 제멋대로가 된다. 이렇게 되면 모든 악이 다가온다."

이는 개인에게만 해당되는 말이 아니다. 기업이나 국가도 마찬가지다. 경기가 좋다고 해서 무리하게 사업을 확장하는 우를 범하지 않기 위해서는 평소에 마음가짐을 단단하게 해둬야 한다. 국가나 기업의 훌륭한 리더들은 경제가 조금 살아났다고 해서 분에 넘치는 투자를 하지 않는다.

가난한 사람은 많은 돈을 가지면 오히려 마음이 불안해져서 금방 써버린다. 국민 역시 나라를 살릴 수 있는 소비를 해야 한다. 졸부처럼 과소비에 열을 올리다가는 언젠가는 빈털터리가 될 것이다.

272

가난하면서 원망하지 않기는 어렵고,
부자이면서 교만하지 않기는 쉬운 일이다.

- 공자

생각의 차원을 바꾸면
무의미한 다툼을 피할 수 있다

> 66 두 개의 물건이 부딪치면 소리가 나고, 두 사람이 부딪치면 싸움이 난다. 소리가 나는 것은 양쪽 다 딱딱하기 때문이다. 양쪽 모두 부드러우면 소리가 나지 않는다. 한쪽이 딱딱하더라도 다른 쪽이 부드러우면 소리는 나지 않는다. 싸움이 일어나는 이유는 두 사람 모두 자기 몫만 챙기려고 하기 때문이다.
>
> 한쪽이 양보하면 싸움은 일어나지 않는다. 부드러운 쪽이 딱딱한 쪽을 활용하는 게 이상적이다. 양보하는 쪽이 자기 몫을 챙기려는 쪽을 감화시키는 것이다. 99

싸움이라는 것은 양쪽이 같은 링에 올라왔을 때 일어나는 법이다. 여곤은 이렇게 언급한다.

"이익을 좇는 것은 각자에게 욕심이 있기 때문이다. 논쟁하는 것은 각자가 다른 의견을 가지고 있기 때문이다. 훌륭한 인물은 이익에 초연하여 타인에게 양보한다. 때문에 마음이 늘 유쾌하다."

욕심과 욕심이 부딪치고, 의견과 의견이 충돌한다. 이러한 일이 일어나는 원인은 서로가 싸움을 위해 마련된 무대에 같이 올라서기 때문이다.

만약 두 대의 자동차가 같은 도로의 양쪽에서 서로를 바라보며 전력 질주를 한다면 분명 정면충돌할 것이다. 충돌을 피하려면 같은 방향을 달리면 되는데, 이는 쉽지 않다. 각자 사고방식이 다르기 때문이다.

그렇다면 어떻게 하면 좋을까. 한쪽이 고가 도로를 달리면 된다. 다시 말해 차원을 달리해서 생각하면 되는 것이다.

"쉰 살에 이르자 싸우지 않는 묘미를 발견하게 되었다. 부자와는 부를 가지고 싸우지 않는다. 공명심이 있는 사람과는 지위를 놓고 싸우지 않는다. 가식적인 사람과는 평판을 가지고 싸우지 않고, 오만한 사람과는 예절을 따지지 않는다. 또한 감정적인 사람과는 시비를 따지지 않는다."

여곤도 쉰 살이 되어서야 비로소 깨달음을 얻었다는 점에서 조금은 마음이 놓인다. 감정적인 사람과 감정으로 승부를 내려고 하면 손해만 볼 뿐이다. 한마디로 시간 낭비다. 이론으로 무장한 사람에게 이론적으로 따지면 결국 응어리만 남는다.

그렇다면 해결책은 무엇인가. 같은 링에 올라가지 않으면 된다. 논리에는 감정으로 대응하고 감정에는 논리로 대응하라. 그래도 안 되면 아예 상대하지 않는 게 좋으리라.

간교로써 남을 이기지 말고,

권모로써 남을 이기지 말며,

싸움으로써 남을 이기지 마라.

- 장자

17
장

쓴소리하는 사람을
친구로 삼아라

......

사장편(詞章篇)

직언하는 친구를 곁에 두라

> **❝** 선배가 자신이 쓴 글을 보이면서 조금 손을 봐달라고 한다. 내가 고사하니 이렇게 말했다. '단점을 감출 생각은 없다. 만약 비웃음을 산다 해도 한 사람에게 비웃음을 살 뿐이다. 그런데 내가 부족한 글을 발표하면 어떻게 되겠는가. 이번에는 온 세상이 나를 비웃을 것이다.' 그분의 성실함과 지혜에 탄복하지 않을 수 없었다. 한 사람의 비평이 무서워서 온 세상의 웃음거리가 되는 게 어디 글뿐이겠는가. **❞**

친구가 있다는 것은 고마운 일이다. 따뜻한 우정이 뒷받침되어 있다면 매서운 직언이라도 순순히 받아들일 수 있다.

"가까운 사이일수록 예절을 다하라"는 말도 있다. 그러나 직언을 하지 않으면 상대방이 많은 사람 앞에서 창피를 당할 수 있다. 이런 상황에서 친구를 못 본 체하는 것은 옳지 않다.

올바른 길로 인도해주는 친구가 있다는 것은 참으로 고마운 일이다. 자신을 성장시키는 데 큰 도움이 되기 때문이다.

여곤은 말한다.

"직언을 해주는 친구를 얻기는 어렵다. 그런데도 그의 말에 얼굴을 찡그린다. 사탕 발린 말로 다가오는 사람이 적지 않다. 그런데 그 말이 좋다고 그대로 받아들인다. 이래서야 잘못된 길로 들어서는 것은 시간문제다."

친구란 늘 기분 좋은 말만 해주는 존재가 아니다. '이런 말은 내가 아니면 해줄 사람이 없다'라고 생각하는 사람이야말로 진정한 친구다. "좋은 약은 쓰다"라는 격언도 있듯이 직언은 듣기에 거북하다. 필자도 경험이 있지만, 그 자리를 벗어나고 싶은 심정이 들기도 한다.

하지만 직언 덕분에 큰 실수를 면할 수 있었던 경우가 여러 번 있었다. 친구가 해주는 직언은 그야말로 백만 달러 이상의 값어치가 있는 것이다.

그런데 듣기 싫은 말은 피하고 거꾸로 듣기 좋은 말에만 귀를 기울이는 사람이 많다. 아첨이나 감언 따위에 귀가 솔깃한다. 이런 말을 하는 사람은 대개 상대방을 이용해 먹으려는 흑심을 품고 있기 마련이다. 그러나 듣기 좋은 말만 골라 한다는 이유로 곧이곧대로 믿어버리고 방심하면 결국 실패하게 된다. 이래서야 평생 잘못된 길을 걸어갈 뿐이다.

마쓰시타 고노스케는 "직언에는 미소로 대하지 않으면 안 된다"고 늘 말해왔다. 만약 이런 행동을 취한다면 주위 사람은 더 많은 직언을 해줄 것이다. 이는 스스로에 대한 컨설팅을 공짜로 받는 것과 다름없다.

만약 이때 얼굴을 찡그리며 짜증을 낸다면 어떨까. 상대방은 분명 이렇게 생각할 것이다. '이 사람에게 직언을 해서는 안 되겠다.

이토록 진지하게 말하는데 들어주지 않으니, 다음부터는 직언 따위는 하지 말아야지.'

또 한 명의 벌거벗은 임금님은 이렇게 해서 탄생한다.

옮긴이 하연수

서울에서 태어나 연세대학교 경영학과를 졸업했고, 현재 출판 기획 및 번역가로 활동하고 있다. 옮긴 책으로 『영혼이 행복한 사람들』, 『일본의 제일부자 손정의』, 『만 원짜리는 줍지 마라』, 『된다 된다 나는 된다』, 『아톰의 슬픔』, 『부자의 운』 등이 있다.

* 블로그 blog.naver.com/hayonsu

3만 명의 기업가를 만나 얻은 비움의 힘

리더의 그릇

초판　1쇄 발행 2016년 2월 29일
초판 18쇄 발행 2022년 8월 30일

지은이 나카지마 다카시
옮긴이 하연수
펴낸이 김선식

경영총괄 김은영
디자인 황정민 **책임마케터** 문서희
콘텐츠사업4팀장 임소연 **콘텐츠사업4팀** 황정민, 옥다애
편집관리팀 조세현, 백설희 **저작권팀** 한승빈, 김재원, 이슬
마케팅본부장 권장규 **마케팅4팀** 박태준, 문서희
미디어홍보본부장 정명찬 **홍보팀** 안지혜, 김민정, 오수미, 송현석
뉴미디어팀 허지호, 박지수, 임유나, 송희진, 홍수경 **디자인파트** 김은지, 이소영
재무관리팀 하미선, 윤이경, 김재경, 안혜선, 이보람
인사총무팀 강미숙, 김혜진, 황호준
제작관리팀 박상민, 최완규, 이지우, 김소영, 김진경, 양지환
물류관리팀 김형기, 김선진, 한유현, 민주홍, 전태환, 전태연, 양문현, 최창우
외부스태프 표지·본문디자인 엔드디자인

펴낸곳 다산북스 **출판등록** 2005년 12월 23일 제313-2005-00277호
주소 경기도 파주시 회동길 490 다산북스 파주사옥 3층
전화 02-704-1724 **팩스** 02-703-2219 **이메일** dasanbooks@dasanbooks.com
홈페이지 www.dasanbooks.com **블로그** blog.naver.com/dasan_books
종이·출력·제본 갑우문화사

ISBN 979-11-306-0739-9 (03320)